CLEMENS HAIPL

FIFTY
SHADES
OF WIEN

CLEMENS HAIPL

FIFTY SHADES OF WIEN

METROVERLAG

INHALT

VORWORT

Wahrscheinlich wissen Sie sehr viel oder vielleicht sogar alles, weil Sie daheim Internet haben, auf Facebook sind und viel fernsehen.

Das ist verständlich und erklärt den Erfolg von Quizsendungen wie „Millionenshow" zum einen und den Niedergang der alten Medien zum anderen.

Wer will schon Nachrichten schauen oder Zeitung lesen, wenn eh schon alles im Smartphone steht? Wofür im Brockhaus schmökern, wenn es Wikipedia gibt?

Das ist das eine.

Das andere:

VHS-Kassetten mit Pornos verkaufen sich immer schlechter, weil die Menschen entsprechende Filme gratis im Internet konsumieren. Dafür boomt das Genre des erotischen Romans mit Zielgruppe Frauen. Ich bin nicht nur ein feinsinniger Künstler, sondern auch beinharter Geschäftsmann. Darum habe ich auf diesen Trend reagiert (siehe Titel des Buches).

Dass das Leben die besten Geschichten schreibt, ist nicht nur ein ekelhafter Spruch, sondern auch unwahr. Geschrieben habe ich alles selbst, das Leben hat mir nur die Inhalte offenbart – in all seinen Schattierungen.

Ich wünsche einen schönen Tag,
beste Gesundheit und gute Unterhaltung,
Clemens Haipl

Clemens Haipl

WE CAN BE HEROES
HELDENPLATZ

Kein Buch über Wien ohne Heldenplatz. Das war und ist mir klar. Darum führe ich auch jeden Besuch aus dem Ausland gewissenhaft über den Heldenplatz. Ich erkläre die historische Bedeutung, erinnere mit ernstem Blick an 1938, erläutere mit Stolz die technische Meisterleistung des Erzherzog-Karl-Denkmals (der Schwanz des Pferdes berührt nicht den Boden!) und zeige in Richtung Ballhausplatz, um klar zu machen, dass dies nichts weniger als das österreichische Äquivalent des Washingtoner Capitols ist. Und das ist nur höflich formuliert, denn natürlich ist es deutlich mehr. Dann sagen die meist amerikanischen Touristen: „Aha", und sehen in der Nähe der Diskothek Volksgarten einen Würstelstand, den aufzusuchen sie begehren.

Sehr respektlos, würde ich sagen. Dann lege ich eins nach:
„Hier zeigt jeden November das österreichische Bundesheer, was es alles kann! Hubschrauber, Panzer, Jeeps … alles da, und man kann es teilweise angreifen!"

Da fragen meine Besucher, wie weit es bis nach Hause ist und ich muss ehrlicherweise auf die U2-Station verweisen. Ich gebe aber noch ein hoffnungsfrohes:
„Ze Habsburgs! Zey lived here. Yes, right here! Ze Emperor and everyzing!"
„Is there a place with air condition around here?"

Im Sommer wird es oft recht heiß in Wien, muss man auch verstehen. Es ist zum Verzweifeln:

„Hallo? Hier hat Hitler vom Balkon gesprochen!"

„Das ist aber schon ziemlich lange her, oder? Ich habe auch Bill Clinton gesehen, wie er mit der Limo durch Chicago gefahren ist."

Was sagt man da dazu?

„Der andere, der auf der Statue mit dem Pferd, wo der Schwanz den Boden berührt ... der war eigentlich Franzose, aber der hat die Türken vertrieben!"

„Warum? Wohin?"

„Weil ... äh ... ok: Wir fahren jetzt mit dem Ringwagen. Am Schwedenplatz ist ein McDonald's."

„Great, let's do that!"

HELP THE AGED
PHYSIOTHERAPIE IN WIEN

Ok, zur Physiotherapie kann man nicht einfach so gehen wie zum Billa ums Eck. Da braucht man eine Sondergenehmigung – einen Bandscheibenvorfall oder zumindest starke Rückenschmerzen. Lassen Sie sich halt etwas einfallen, dann überweist Sie Ihr Arzt schon. Wenn nicht, gehen Sie einfach so zu einem Physiotherapiezentrum und jammern recht laut: „Aua. Aua! Mein Rücken!" Vielleicht funktioniert das auch. Habe ich noch nicht ausprobiert, ich habe mich für die klassische Variante mit Bandscheibenvorfall und Überweisung entschieden.

So, man betritt also diese Hallen der Unwürde und wird auf recht eindringliche Weise daran gemahnt, dass man jetzt endgültig nicht mehr so jung ist, wie man gemeint hat, sich fühlen zu müssen. Ich zum Beispiel bin Mitte vierzig, habe aber trotzdem bis vor Kurzem damit geliebäugelt, eine Boygroup zu gründen und zum Teenieschwarm zu werden. Das ist jetzt vorbei, definitiv. Gebrechliche Menschen im gehobenen Alter (Mitte vierzig und mehr), die schon im Wartezimmer keinen Zweifel daran lassen, zu den Ärmsten ihrer Gattung zu gehören. Am Schwarzen Brett werden Artikel feilgeboten, die ich bisher nur aus meiner Zeit als Zivildiener im Altersheim gekannt habe: Knetmasse (für Fingerübungen bei Arthritis), Gymnastikbälle, Turnmatten, Dehnbänder, … die ganze Palette des Leidens.

Nach wenigen Minuten werde ich aufgerufen. Eine Therapeutin in weißer Kleidung und rosa Crocs (die müssen wirklich bequem und praktisch sein – sie sehen scheußlich aus), die maximal halb so alt ist wie ich, bittet mich hinein – und ich fühle mich schon wieder an meine Zeit als Zivildiener erinnert. „Na, kommen S' weiter, das schaffen wir schon, gell?" Dieses „wir"! Wir schaffen das schon! So redet man mit Kleinkindern. Oder mit alten Menschen. Frust. Ok, selber schuld, ich habe seit 30 Jahren keinen Sport betrieben, lebe ungesund und arbeite am PC. Alles richtig gemacht, um dorthin zu kommen, wo ich jetzt bin: bei der Physiotherapie. Der Vorhang wird hinter mir zugezogen, ich mache den Oberkörper frei und lege mich auf die Liege. Dort werden Kabeln an mich angeschlossen und Strom surrt durch meinen Körper. Ich weiß nicht, was das bringen soll, aber sollte ich jemals im Theater eine wiederaufladbare Batterie spielen müssen, weiß ich jetzt, wie ich die Rolle anlegen werde. Durch Vorhänge abgetrennte Kojen haben die Eigenschaft, dass sie nicht sehr schalldicht sind – man hört also jeden Ton nebenan, und das entschädigt schon ordentlich.

Männliche Stimme, etwas brüchig, von links:
„Dass mich so eine fesche junge Frau noch auffordert, mein Hemd auszuziehen …!"
„Ja, gell?"
Was soll die Therapeutin auf so eine Meldung auch sonst antworten? Es tut mir leid, aber ich kann Ihnen nicht widerstehen? Bewegungsapparat defekt, aber zu viele blaue Pillen genommen?

„Aus Kärnten sind S'? Wir san oft in der Steiermark."

„Ja … des is a schön, aber ich bin aus Kärnten, gell?"

„Na, in Kärnten samma net so oft."

„Ich schaff's auch meist nur über die Wochenenden."

„Wir san vü in der Steiermark. Aber in Kärnten eigentlich kaum. Leider. Aber wenn's da so fesche Frauen wie Sie gibt …"

„Ja, gell …"

Na bumm, kann bitte jemand die Stromstärke raufdrehen? Ich brauche Betäubung.

Weiblich, sehr leidend, von rechts:

„Und dann hat s' a Biskuitrollade vom Demel mitbracht. Die hat nix g'heißn."

„Na geh, dabei hat der so an guadn Ruf."

„Na, die hat nix g'heißn. Ganz staubig und kaum a Marmelad drin."

„Na, des geht net bei ana Biskuitrollade."

„Owa, dann hat er ane vom Hofer mitbracht: einmalig. Wie söwa g'macht."

„Na schau! Da merkt man: Auf den Preis alleine kommt's net an. Gell?"

„Genau! Da mach i gar keine mehr selber. Da kosten mi die Zutaten mehr. Und schmecken tuat die Biskuitrollade vom Hofer aaa tadellos."

„Ja, gell?"

„Owa die vom Demel … na! Hat nix g'heißn."

„Ja … gell. Ich komm dann wieder und dann mach ma die Moorpackung."

„Ja bitte, sans so guat. Danke."

SCHNUPFEN

TRAFIK UNTERE AUGARTENSTRASSE

Ich gebe es zu und es darf als bekannt vorausgesetzt werden: Trafiken bieten selten ein Shopping-Erlebnis der Extraklasse. Die Waren überraschen kaum und Sonderangebote sucht man auch vergeblich. Betrete ich zum Beispiel meine Stammtrafik, greift die Trafikantin reflexartig zum Regal mit den roten Gauloises. Die Berechenbarkeit ist also beiderseitig. Ein bisschen wie in einer Eisdiele. Da kann man mit gutem Recht davon ausgehen, nicht viel mehr als Eis erstehen zu können. So ist das auch mit Trafiken: Zigaretten, Zeitungen und eventuell Parkscheine. Letztere brauche ich aber nicht, weil ich des Handyparkens mächtig bin. Zeitungen lese ich online, bleiben also nur Zigaretten. Ab und an kaufe ich Lottoscheine, vergesse dann aber immer nachzusehen, ob ich gewonnen habe. Vielleicht bin ich also Millionär und weiß es einfach nicht.

Diese eine Trafik meiner Wahl ist aber sehr geräumig und bietet daher deutlich mehr Zeitschriften als anderswo üblich. Außerdem hat man augenscheinlich eine große Auswahl an Schnupftabak. Ich kenne mich damit nicht aus, aber folgendes Gespräch hat mich beeindruckt:

Mittelalterliche Dame:
„Grüß Sie, ich bräuchert an Schnupftabak für mein Mann."

„Gerne, was darf's denn sein?"

„An Schnupftabak. Aber net für mi, haha. Fia mein Mann."

„Welche Sorte mag er denn?"

„Jetzt fragen S' mi z'vü. Na die, die er immer hat halt."

„Aha. Welche Sorte Schnupftabak verwendet denn Ihr Mann normalerweise?"

„Gibt's da so vü Unterschiede?"

„Ja, eigentlich schon."

„Na super, des fangt ja guat an."

„Wir haben Menthol, Eukalyptus, Erdbeere, …"

„Naaa, Erdbeer mag er net."

„Marille, Himbeere, Anis, …"

„Pfui Teifl, des san die Lakritzzuckerl … was war das erste?"

„Menthol."

„Na, des andere."

„Eukalyptus."

„Na, doch das andere."

„Menthol."

„I glaub, ja. Wie riecht denn das? Derfat i kurz, dann erkenn ich's eh."

„Aufmachen kann ich's Ihnen nicht."

„Herrgott …"

„Menthol ist so wie … wie die Taschentücher, kennen S' sicher, wenn S' es riechen."

„Ja, ich glaub, des war's."

„Also nehmen wir das? (Immer wieder schön: „Wir")

„Aber was Fruchtiges ist schon dabei, glaub i …"

„Aprikose ist sehr beliebt."

„I was net …"

17

„Marille halt."

„Ja, das mag er schon. Des was i. Weil wann's an Marillenfleck gibt, frisst er den wie wann's der letzte warad."

„Heißt halt Aprikose beim Schnupftabak."

„Da soll si ana auskennen."

(Beide lachen)

„Da haben's wir Frauen schon schwer mit unsere Männer, gell?"

„Na was ... wie ma's macht, is falsch. Aber bitte, er bild si's halt ein."

„Waunn i vom meinigen erzähl, sama muang net fertig."

(Beide lachen)

Ich versuche zwischenzeitlich, aus der zweiten Reihe hervorzuwinken, deute auf mein fast leeres Packerl rote Gauloises und hoffe damit verständlich zu machen, dass ich nur ein baugleiches, aber volles Modell begehre und gleich wieder weg bin. Ergebnislos.

„Na, er hat an eigenen (Schnupftabak). Und sei Freind, der hat an anderen. Da tuans immer umanand."

„Ja, das kann ich mir vorstellen."

„Was die für ein Tamtam aus dem schiachen Zeug machen."

„Alles kann ma net verstehen, gell?"

„Oft will i's a net. I sog Ihna: Do is überall des gleiche drin. Hauptsach, sie ham was zum diskutieren."

„Wie beim Billa. Da sagt ma ja a, die Clever-Sachen san genau des Gleiche wie die wirklichen Marken, nur des was hoit iwableibt, und des wird dann günstiger verkauft."

„Na!"

„Doch! Hob i wo glesn."

„Na guat, dann glaub i des scho, dass die machen, was woin mit die klanen Leit."

„Wissens, was wir Abgaben haben?"

„Is net so leicht min G'schäft?"

„Sie brauchen net glauben, dass der Euro, was die Krone kost, mir g'heat.

„Na!"

„Des is des, was der Kunde zoit, aber uns bleiben … na egal. Krone verdien i ma kane."

(Beide lachen kurz)

Ich würde mittlerweile eh gerne wieder rausgehen, beim Automaten einkaufen und davonlaufen. Aber ich habe kein Kleingeld. Auf's Klo müsste ich auch bald.

„Tschuldigung, ich störe nur ganz kurz. Kann ich drei Packerl rote Gauloises haben?"

(Ich habe kurzfristig mein Rauchverhalten umdisponiert. Ein einziges Packerl wäre peinlich für diese Störung, bei 3 – so denke ich mir – zahlt es sich zumindest ein bisschen aus für die Trafikantin.) Beide Damen schwenken um, werden deutlich ungemütlicher und unnahbarer.

„12,60 bitte."

Ich zahle, sage artig „Danke" und verlasse das Geschehen.

Im Hinausgehen vernehme ich:

„Najo, wann er's gar so gnädig hat."

„Tuat ma leid."

„Na, Sie kennan ja nix dafia. Aber dass so a junger Mensch derart vü rauchen muss … na guat."

Die Tür schließt sich hinter mir. Die Welt hat mich wieder.

WIEN ISST ANDERS
EINSERMENÜ

Dame mittleren Alters, fesche, gebügelte Jean, Kurzhaarfrisur:

„Ich hätte gern das Putenschnitzel mit Gemüse und Kroketten."

„Bitte gerne."

„Aber ohne Putenschnitzel."

„Bitte?"

„Na das Putenschnitzel mit Gemüse hätte ich gerne und die Kroketten. Aber ohne das Fleisch."

„Gerne. Aber Sie können auch Gemüse und Kroketten als Beilage bestellen."

„Ja, aber zu was. Ich will ja kein … Dings … wie sagt man … Fleisch. Nur die Beilagen."

„Wenn S' zwei Beilagen bestellen kommt Ihnen das günstiger als das Menü."

„Ist da auch die Rindsuppe mit Frittaten dabei?"

„Nein, das wär dann das Menü."

„Ah so. Na Suppe möchte ich schon."

„Also einmal Einsermenü OHNE Fleisch. Bitte."

„Gerne."

„Eine Frage noch."

„Bitte?"

„Kann man statt der Rindsuppe irgendwas anderes haben?"

„Wir haben auch ein vegetarisches Menü."

„I bin ja ka Vegetarier! Schau i aus wie a Körndlfresser? Ich mag nur kein Fleisch. Habens a Gemüsesuppe?"

„Ja, aber die ist beim Menü nicht dabei."

„Ah so. Des is bled."

„Warum nehmen S' nicht Gemüsesuppe und zwei Beilagen."

„I ess immer Menü. Sagens. Statt der Rindsbrühe tuan S' afoch die Gemüsesuppen eine."

„Na gut, ich frag in der Küche."

(Kellner geht ab)

„Tschuuuuuldigung?"

(Er kehrt wieder)

„Ja bitte?"

„Wegen der Frittaten: San des söwa gmachte oder fertige?"

„Ich fürchte fast fertige."

„Na, dann will i s' ned. Habens Backerbsen? Die ess i als a Fertige aa."

„Glaub schon. In die Gemüsesuppe? Sicher?"

„Jo, i mag des."

„Bitte. Wie Sie wollen."

„Und beim Gemüse vom Putenfleisch. Also des Gemüse ohne Putenfleisch: Was isn da dabei?"

„Brokkoli, Karfiol, Karotten und … äh … und Mais."

„Dann lassen S' ma den Brokkoli weg und geben S' ma mehr von dem Weißen. Von dem … ah."

„Karfiol?"

„Genau."

„Ich frag nach."

Ich weiß nicht, wie die Geschichte ausgegangen ist. Aber der Kellner hat mit den Augen gerollt und hinter seinem Rücken ein Messer gewetzt, als ich gehen musste.

KAFFEEHAUSLITERATUR

„Kaffeehausliteratur": wunderschönes Wort, aber auch nicht ganz auf der Höhe der Zeit. Wer will schon ernsthaft Texte verfassen, wenn am Nebentisch Apfelstrudel und Melange von holländischen Touristen konsumiert werden? Ist auch nicht wirklich notwendig. In Zeiten von iPad und Mini-Laptop lässt es sich überall schreiben, wo man gerade will. Ich weiß zwar, dass viele Menschen, die nichts Gescheites gelernt haben und deswegen Künstler geworden sind, in Kaffeehäuser gehen, um dann mit Bleistift auf zigmal gefalteten Zetteln ihre genialen Ideen zu notieren – ich gehöre aber nicht dazu. Ins Café gehe ich schon gerne, aber man ist dort nicht ungestört. Also ... es ist einfach nicht dunkel genug. Die Gäste sehen einander und man hört zu viele Gespräche. Außerdem darf man oft nicht mehr rauchen und bis spät in der Nacht haben Cafés auch oft nicht offen. Beides begehre ich aber. Machen wir's kurz: Wo arbeite ich? Vorzugsweise in Bars mit lauter Musik und schummrigem Licht. Da wundert sich niemand, wenn man täglich des Abends reinkracht, Bier bestellt, und dann stundenlang in den Computer starrt. Man kommt nicht in Versuchung, mit den Kellnerinnen über das Wetter plaudern zu müssen, weil es sowieso zu laut ist, und die anderen Gäste sind meistens auch nicht sehr gesprächig, weil sie lieber Bier trinken und einen für einen seltsamen Nerd halten. Finde ich ausgesprochen praktisch. Gutes WLAN ist von Vorteil, weil auf eine geschriebene Seite mindestens 20 gelesene Webseiten kommen. Zusätzlich zu lauter Musik ist es auch zweckdienlich, hoch konzentriert auf den Monitor zu starren – da trauen sich Leute noch weniger, einen anzureden. Misanthrop im klassischen Sinn bin ich nicht, glaube ich. Aber Small Talk ist nicht mein größtes Talent. Darum ist es auch wichtig, Lokale zu besuchen, die garantiert unhip sind. Sonst läuft man Gefahr, Bekannte und Kollegen zu treffen. Und dann ist es aus mit trauter Zweisamkeit zwischen Autor und Computer.

„Haaaaalllo, was machst'n du da?"
„Na wonach schaut's denn aus? Waschmaschine reparieren?"
„Und? Wie geht's so?"
„Eh … eh gut, muss nur an Text fertigschreiben."
„Bitte gestern war ich … und der Dings hat gesagt … und die Dings hat dann … etc. …"
„H.a.l.t. einfach die Klappe! Ja? Bitte. Danke."

Es ist einfach zu mühsam, Außenstehenden zu erklären, dass man außerhalb der Bürozeiten mit einem Laptop im öffentlichen Raum sitzt und NICHT nur Facebook schaut. Darum: jeden Kontakt vermeiden. Auch deshalb gehe ich gerne in exjugoslawische Lokale. Die Gefahr, dass dort jemand fanatischer FM4-Fan ist und mir eine CD seiner Band in die Hand drückt, ist enden wollend.
Sehr gut sind auch sogenannte „Taxler Cafés". Ich weiß nicht, ob da wirklich Taxler hingehen. Mein Eindruck ist, dass

solche Espressos und Stüberln gerne von Frühpensionisten aufgesucht werden. Auch denen bin ich völlig egal und erfreue mich deshalb herrlicher Ungestörtheit. Im Prinzip geht alles, was schlecht besucht und zu Recht völlig unbekannt ist. Das sind meine Lieblingslokale. Da kehre ich ein, da bin ich Mensch. Halleluja.

WIENER NETZE

Es gibt in Wien Internet und damit verbunden sogenannte „Social Media". Dort tauschen sich gerne Menschen aus, die im täglichen (echten) Leben das Maul nicht aufkriegen und zeigen, dass sie wüssten, wie man die Welt retten könnte, wenn man sie nur ließe. Zum Beispiel ich selbst. Das ist recht praktisch. Man hat das Gefühl, es denen da oben aber so was von reingesagt zu haben, tut aber niemandem ernsthaft weh. Weil die „die da oben" den Schmarrn, der abgesondert wird, natürlich nicht lesen – oder so tun als ob. Ein bisschen so wie im Bauerntheater im Mittelalter. Da hat der Kasper sagen dürfen, dass der Kaiser voll plemplem ist, alle haben laut gelacht, und es ist nichts passiert. Außer der Kasper hat über die Stränge geschlagen und nicht ausschließlich so getan, als ob er komplett vertrottelt sei. Dann hat die Staatsräson schützend eingegriffen und den Kasper entfernen lassen. So ein Lauser aber auch.

Das passiert heute Gott sei Dank nicht mehr. Jeder darf seine Meinung öffentlich kundtun und muss nicht mit beruflichen, karrieretechnischen Konsequenzen rechnen. Im Gegenteil: Wache, kritische Geister werden in Wien geschätzt und gefördert. Darum habe ich vor ein paar Jahren folgenden kleinen Brief auf Facebook veröffentlicht:

Sehr geehrte Frau Maria Vassilakou:

Vor ein paar Tagen habe ich aufgrund einer Fahrraddemo die Geburt meines Kindes versäumt, weil ich Dummerchen noch immer in dringenden Fällen mit dem Auto unterwegs bin.

Jetzt habe ich da ein paar Fragen:
Soll ich das nächste Mal, wenn meine Frau die Wehen hat, sie eher mit den öffentlichen Verkehrsmitteln ins Spital schicken (sie ist zwar mit der Rettung gefahren und es gibt dort keine U-Bahn-Station, aber wahrscheinlich wussten die nicht, dass die Öffi-Preise so toll gesenkt wurden – also außer den Einzelkarten, den Streifenkarten, den Wochenkarten, den … na, egal). Muss ich korrekterweise eine Extrakarte lösen, wenn das Kind im U-Bahn-Tunnel das Licht der Welt erblickt?
Oder empfehlen Sie eher eine Einlieferung per Fahrrad ans andere Ende der Stadt? Und sind Sie bei Blasensprung eher für Mountainbike oder Citybike?

Mit freundlichen Grüßen
Clemens Haipl

PS: Es ist ein Bub geworden, sollte ich ihn sicherheitshalber Tochter nennen?

Antwort habe ich leider keine bekommen. Aber ca. 10.000 „likes" und „forwards". Und: Seitdem (und nach ein paar ähnlichen Episteln) werde ich auch offiziell als Demokrat geschätzt, der Dinge in Frage stellt, werde täglich gebeten, doch mehr in diese Richtung zu schreiben und kann mich vor Angeboten regierungsunabhängiger Medien (inklusive freischaffende Minnesänger und Höhlenmaler) kaum erwehren. Ich muss dann immer ablehnen und sagen: „Ich würde ja gerne, aber so kritisch kann ich nicht andauernd sein. Die Regierung ist derart genial, da fällt mir nichts Zynisches ein dazu." Leider. Aber einen bildungsfernen Proleten aus Favoriten könnte ich parodieren – wollen S' hören?

CITY OF MUSIC
WELTHAUPTSTADT DER MUSIK

Es ist natürlich ein Klischee und immer wieder wird auch von Besserwissern darauf verwiesen, dass das nur die Wiener Klassik betrifft und ein paar Hundert Jahre her ist, aber: Dass Wien noch immer die Welthauptstadt der Musik ist (nein, nicht nur der klassischen, auch der internationalen Popmusik), kann ich anhand weniger Fakten leicht beweisen:

Fakt eins:
Billy Joel hat ein Lied geschrieben, das „Vienna waits for you" heißt. Warum hätte er „Vienna" schreiben sollen, wenn sich „Rihanna", „Savannah" oder „Montana" genauso gereimt hätten? Außerdem: Billy Joels Vorfahren sind zwar Deutsche, gelebt hat sein Vater aber in Wien. Der Mann war schon Amerikaner und hat sich – als er nach Europa zurückgekehrt ist – ausgerechnet für Wien entschieden, hallo? Und wer es noch immer nicht fassen kann: Billy Joels Halbbruder lebt in Wien und ist Dirigent.

Fakt zwei:
John Lennon hat für Ringo Starr ein Lied geschrieben und es „Good Night Vienna" genannt. In den Biografien heißt es zwar, dass „Vienna" stellvertretend für „blabla, eh schon wurscht und egal" gestanden ist, aber John Lennon hat ein Lied

geschrieben, das „Good Night Vienna" heißt. Und John Lennon war der Chef der berühmtesten Popgruppe dieses Planeten, die nicht umsonst „Roll over Beethoven" gesungen hat.

Außerdem: André Heller hat glaubhaft versichert, dass er 1968 John Lennon nach seinem berühmten „Bed In" in Wien zum Flughafen Wien-Schwechat begleitet hat. Auf dem Weg dorthin habe Heller das Auto stoppen lassen und John Lennon auf den Zentralfriedhof gezerrt, um ihm dort die Ehrengräber von Mozart (zumindest gibt es einen Stein, auf dem „Mozart" steht, wo der Mann wirklich unter der Erde schlummert, weiß man nicht so genau), Schubert, Brahms & Co. zu zeigen. So quasi „Pass einmal auf, Bürscherl! Es langzodaten Hippies könnt's zwar zur Zeit guad einefetzen bei die Jungen mit eichan Yea Yea Yea, aber auf Dauer spüd die Musi do. Genau hier, host mi? Verrrrwunschen!"

Lennon soll sehr beeindruckt gewesen sein und habe auch deswegen der Auflösung der Beatles zugestimmt.

Fakt drei:

Midge Ure hatte mit Ultravox seinen größten Hit und der hat wie geheißen? „Vienna", wie denn sonst. Der Mann, der mit „Do they know it's Christmas" das lästigste Weihnachtslied nach „Last Christmas" von Wham! zu verantworten hat (für das er aber keine Kohle bekommen hat, weil es eine Benefiz-Single war) hat sich an Wien/Vienna gesundgestoßen. Er hat zwar in Interviews immer wieder behauptet, dass „Vienna" für eine x-beliebige tote Stadt steht, eine Stadt, in der sich nichts tut, die vom Ruhm vergangener Tage zehrt – das war aber sicher ein Übersetzungsfehler.

Fakt vier:
Bryan Adams, DIE Ikone der legendären kanadischen Unterhaltungsbranche, hat Teile seiner Jugend in Wien verbracht, weil er ein Diplomatenkind war. Später, als er in Kanada schon weltberühmt war, aber leider noch nicht in Wien, saß er unbeachtet in der Kantine des Wiener Funkhauses und wartete darauf, dass ihn einer der allmächtigen Ö3-Redakteure doch bitte ein bisschen interviewen möge. Angeblich vergeblich, weil er halt „sicher irgendein unbekannter kanadischer Musiker war, der uns einen Song verkaufen will …"

Fakt fünf:
Donna Summer, die unbestrittene Queen of Disco, hieß eigentlich LaDonna Adrian Gaines. Ihr erster Ehemann war aber nicht nur österreichischer Zahnarzt, sondern hieß auch Helmuth Sommer. Darum behielt sie seinen Namen als Künstlerin. Nein, nicht Helmuth. Ein Österreicher ist also King of Disco.
Außerdem, und spätestens jetzt muss klar werden, dass „Vienna – The City of Music" kein Scherz sein kann:

Fakt sechs:
Gareth Jones, der später so Größen wie Depeche Mode, Einstürzende Neubauten, Erasure, Nick Cave & Co. gemixt hat, begann seine Karriere in Wien mit Tauchen/Prokopetz („DÖF").

Apropos: Der Schlagzeuger von Depeche Mode, Christian Eigner, ist gebürtiger Wiener.

Freddy Mercurys Busenfreundin in Münchner Tagen war Barbara Valentin, eine Wienerin.

Die Weltpremiere von Frank Zappas „Bobby Brown" war in Wien. Behauptet zumindest Rudi Dolezal.

Leider ist Conchita Wurst keine Wienerin. Aber das kann ja noch werden.

DIE LEBENSWERTESTE STADT DER WELT

WAS SICH LIEBT, NECKT SICH

Seit Jahren wird es in den Medien breitgetreten, die Stadtvä-
ter und Mütter sind so was von stolz und auch den übrigen
Bewohnern der Donaumetropole schwellen vor Stolz ihre
goldenen Herzen. Jetzt wissen es dann langsam alle: Wien ist
die lebenswerteste Stadt der Welt. Zumindest in Österreich.
Ok: zumindest in Wien. Laut einer Unternehmensberatung,
die eruiert hat, wo es Mitarbeiter von internationalen Firmen
am besten aushalten können. Da spielen natürlich Faktoren
wie Kosten-Nutzen, Sicherheit, zentrale Lage etc. … eine
große Rolle. Für die Firmen, die die Auslandsaufenthalte
ihrer Mitarbeiter bezahlen müssen. Anders gesagt: Für Wien
müssen Firmen ihren internationalen Mitarbeitern die
geringste Kompensation zahlen, was gut für die Ansiedlung
von Firmen in Wien ist (nicht Menschen!). Nicht mehr und
nicht weniger. Ob Wien die lebenswerteste Stadt der bekann-
ten und unbekannten Welt inklusive unendlicher Weiten
des Weltalls auch für Touristen oder – Gott behüte – für
Bewohner ist, hat mit dieser Umfrage freilich nichts zu tun.
Also: Einigen wir uns darauf, dass Wien die lebenswerteste
Stadt der Welt für Konzernmitarbeiter ist. Moment, stimmt
auch nicht ganz: Fragt man nämlich zum Beispiel Asiaten,
kommt als lebenswerteste Stadt der Welt Singapur heraus.
Für Expatriates, wohlgemerkt.

Ich will ja nicht zynisch sein oder gar als Querulant dastehen (obwohl … macht mir schon ein bisschen Spaß), aber: Dass man nur Statistiken glauben sollte, die man selber gefälscht hat, hat schon Wahres. Wahrscheinlich resultiert die Mär von der aber so was von besten Stadt von überhaupt aus einer wohldurchdachten Marketingkampagne:

„Hmm, Johann Strauss zieht nicht mehr, wir brauchen etwas Neues. Was ist mit „Dritter Mann"?
„Vergiss es."
„Riesenrad? City of Music, Heart of Europe?"
„Geh bitte, das glaubt doch schon lange niemand mehr."
„Habsburger, Opernball, Neujahrskonzert? … Ok, ich sehe es ein. So komm' ma ned weiter."
„Jetzt hab ich's: Wir sagen einfach Wien ist die lebenswerteste Stadt der Welt! Einfach so."
„Und wer soll uns das glauben?"
„Dieselben, die an die große Koalition, objektive Berichterstattung und die Unschuld von Karl Heinz Grasser glauben."
„Genial!"
„Schon, gell?"
„Wart! Was mach ma, wenn die Österreicher in ihrer gewohnt obrigkeitskritischen Art nachfragen, woher ma den Schmarrn haben?"
„Geh bitte! Irgendeine Umfrage wea ma schon daherzahn. Was weiß ich: Die lebenswerteste Stadt für Linkshänder mit Vollbart, die lebenswerteste Stadt für Menschen unter 1,60 Meter mit Sonnenblumen am Balkon, die lebenswertest…"
„Na, des fliegt auf. Stell dir vor, die größte und lesenswerteste

Tageszeitung der Welt, die Krone, recherchiert und kommt drauf!"

„Du hast es aber gern kompliziert. Sag ma: Die lebenswerteste Stadt für Expatriates, wenn man nur Mitarbeiter aus der EU und ein paar Hanseln aus den USA befragt. Erhoben von einer Firma mit Niederlassung in Wien. Und den letzten Teil der Umfrage lassen wir geflissentlich unter den Tisch fallen."

„Des könnt funktionieren."

Und wie das funktioniert! In einem Bericht der Europäischen Kommission zur Lebensqualität in Städten steht Wien zwar auf Platz neun, aber davon lässt man sich die Freude über diese eine andere Studie nicht trüben. Was soll das offizielle Wien auch sonst publizieren? „Ja, wir wissen es eh. Wir sind ziemlich leiwand, aber halt leider nicht perfekt. Wählt's uns trotzdem wieder?" Würde wahrscheinlich auch funktionieren. Aber in einem Land, wo jede Niederlage der Fußballnationalmannschaft mit einem „aber im Skifahren sind wir die Besten" kommentiert wird, darf man sich diese Form der Ehrlichkeit nicht erwarten. Ich mag Wien trotzdem oder vielleicht gerade deswegen sehr gerne. Von mir aus darf jeder Berliner, Pariser, Londoner und ich weiß nicht was seine Stadt für die lebenswerteste der Welt halten. Für mich ist eben Wien die lebenswerteste Stadt der Welt. Was sich liebt, neckt sich. Und: Warum sonst würde ich hier wohnen?

GLÜHWEIN, MARONI & PÄDAGOGIK
ADVENT IN WIEN

Ein Punschstand im Karmeliterviertel im Advent. Relativ alte Eltern mit relativ jungen Kindern, die sie sehr gerne aus politisch-gesellschaftlicher Überzeugung in den öffentlichen Kindergarten gesteckt hätten, damit die lieben Kleinen mit der sozialen Realität konfrontiert werden. Damit sie mitbekommen, dass es nicht allen so gut geht, dass es auch Arbeiter und Ausländer gibt, und und und. Jetzt werden sie trotzdem von ihren Babysitterinnen in einen privaten Kindergarten gebracht, weil … äh … ja, warum eigentlich?

„Hanna, Jonas! Ich habe euch schon tausendmal gesagt, ihr sollt nicht so weit weg von uns. Wenn wir euch sehen, ist es in Ordnung, wenn nicht, dann nicht. Ja?"
„Der Leon darf aber auch!"
„Ich weiß nicht, was der Leon mit seiner Mama ausgemacht hat, aber das ist seine Sache. Komm jetzt her, Jonas. Und du auch. Brav, Hanna."
Jonas wälzt sich am Boden und beginnt mit seinem Programm „Schreien, Toben und große Verzweiflung", um persönliche Ziele zeitnah durchzusetzen.
„Jonas, ich weiß, du bist wütend. Aber wir haben das besprochen. (Zum Vater, der sich bis jetzt herausgehalten hat.) Kannst du bitte auch einmal?"

„Jonas. Jooonas! Geh bitte! *(Zur Frau)* Was soll ich machen? Er folgt nicht."

Die Mutter vergisst kurzfristig alles, was sie in vielen Therapiestunden und aus diversen Eltern- und Familienmagazinen gelernt hat.

„Heast! Vastehst du ned Deutsch?", rennt zu Jonas, schnappt ihn und trägt ihn zurück in den Schoß der Kernfamilie. Dort brüllt er noch eine Stufe lauter, der Vater zückt ein iPhone und gibt es dem zornigen jungen Mann zum Spielen.

„Na schau, ist ja eh nicht so schlimm."

Die Mutter zu ihrer Freundin in einer verboten feschen Kombination aus Rock über der Hose, gestrickter Wollhaube aus dem Weltladen („Dritte Welt" sagt man nicht) und obligater Freytag-Tasche:

„Er ist todmüde. Es waren einfach zu viele Eindrücke."

Die grau melierte Weltversteherin (wahrscheinlich wäre sie 1984 gerne in Hainburg gewesen, da war sie aber maximal zwölf) gibt sich verständnisvoll:

„Die Kinder spüren den ganzen Stress und die Verlogenheit von dem Konsumwahnsinn. Wir haben dem Eliah erklärt: Schau, da gibt es Menschen, denen Weihnachten wichtig ist. Aber anderen Menschen ist Chanukka wichtig. Oder Ramadan. WIR brauchen das alles nicht, weil wir nicht daran glauben und das alles eine völlig überkommene Tradition aus einer Zeit ist, wo es gesellschaftlich noch okay war, andere zu unterdrücken, wo Frauen Menschen zweiter Klasse waren, die zu Weihnachten als Köchin für die ganze Großfamilie fungieren sollen. Na sicher nicht."

„Und das versteht er?"

„Gefühlsmäßig schon, denke ich. Wir leben es ja auch vor.“

„Habt ihr gar keinen Christbaum?“

„Das ist ja das Nächste: Bitte wie krank ist das? Da kämpft man um jeden Flecken Grün und wegen diesem depperten Weihnachten soll ich freiwillig einen Baum töten und ihn nach zwei Wochen wegschmeißen? Sei ma ned bös. Ist ja pervers.“

„Ja … eh … schon irgendwie.“

„Ihr schon?“

„Sie freuen sich halt so. Und der Paul aus der Kindergruppe hat auch einen Baum daheim. Was willst da machen?“

„Aufklären. Reden, reden, reden. Und vorleben. Wir haben ihm erklärt, was es heißt, wenn er dieses vertrottelte Piratenboot von Playmobil möchte: Da wird Erdöl gefördert, um Plastik herzustellen, Fabrikarbeiterinnen stellen das im Akkord her, und dann hat er so was von Klischeemänner, die alle Waffen tragen. Ich mein, das kann's ja auch nicht sein. In welcher Zeit leben wir?“

„Ja eh …“

„Um das Geld, was das kostet, haben wir gesagt, kannst du fast einen Monat in den Cellokurs gehen.“

„Und das hat er akzeptiert?“

„Noch nicht. Aber das ist auch schwierig. Überall werden den Kindern diese Rollenbilder vorgelebt. Und es ist ein Wahnsinn, wie viele Eltern da völlig unreflektiert dieses Konsumdenken ungefiltert weitergeben. Da musst einmal dagegenhalten als Erzieherin.“

„Wir schaffen's eh nicht.“ *(lacht)*

„Das wird schon. Wenigstens erkennst es, dass was falsch rennt.“

HEAVY METAL
EISENWAREN, TABORSTRASSE

Es gibt Geschäfte, an denen man täglich vorbeigeht und sich immer wieder wundert, was die machen und wovon die leben und wer hier einkauft? – Bis man genau die eine Schraube braucht, die es nirgends anderswo gibt.

„Guten Tag, haben Sie so ein Gewinde?"
„Was isn des?"
„Ein Gewinde, eine Schraube oder so, glaube ich halt."
„Kann i ma ned vorstelln."
„Ich glaub schon, da gehört dann so eine Mutter drauf, und das hält dann."
„Und was soll das halten?"
„Ein Küchenkastl. Von IKEA."
„Aha. Hab ich mir gedacht."
„Wie ... gedacht?"
„Das haben S' davon!"
„Tschuldigung? Ich hab gar nichts getan ..."
„Doch. Beim IKEA waren S' einkaufen."
„Das machen auch andere Leute außer mir."
„Eben. Und alle kommen s' dann daher und jammern, weil was hin ist. Und ich soll's dann ausbaden."
„Eh nicht. Ich brauch nur die eine Schraube. Oder wie nennt man das?"

„Ich weiß ned amal, was das sein soll. Schaut aus wie ein Gewinde. Aber ohne Schraubenkopf."

„Eins hab ich eh noch. Also das, was ich jetzt da habe. Aber das andere habe ich verloren beim Umzug und da brauche ich jetzt Ersatz."

„Ja, des haben S' davon. Hättens es ned beim IKEA gekauft."

„Is halt günstig …"

„Wer billig kauft, kauft teuer. Sage ich immer und es stimmt. Die IKEA-Sachen werden hin, dann müssen S' ein neues kaufen und zack: Schon is nimmer so günstig."

„Ich will eh kein neues Kastl. Nur die eine Schraube da. Oder was das halt ist."

„Muss ich schauen, ob ich so was hab. Kann ich mir aber nicht vorstellen. Die machen das extra so beim IKEA. Das sind irgendwelche Sondermodelle, die sonst niemand hat.

Er verschwindet kurz im Lager, kommt nach einer Minute zurück:
„Bitte. Wie viele haben S' gesagt brauchen S'?"

„Eine. Reicht völlig."

„Bitte sehr. Außerdem?"

„Ein Vorhängeschloss mit Zahlenkombination. Irgendeines für mein Kellerabteil."

„Des is völlig sinnlos."

„Wieso?"

„Wenn da einer reinwill, kommt er auch so rein."

„Echt?"

„Die Zahlenkombi kriegt sogar a Kind auf."

„Und wenn ich ein vierstelliges nehme?"

„Völlig wurscht. Um des geht es nicht. Man hört, wenn's klickt, und schon ist es offen."

„Und warum verkaufen Sie es dann?"

„Die Leut wollen's halt. Weils zu faul sind zum Schlüssel mitnehmen."

„Bin ich auch, ehrlich gesagt. Aber gut: Nehm ich halt eines mit Schlüssel."

„Das knackt Ihnen auch ein jeder. Mit einer Büroklammer. Und wenn ers Schloss ned aufkriegt, reißt er Ihnen das Scharnier von der Kellertür."

„Aber irgendwas muss ich ja dranhängen. Kann's ja nicht einfach offen lassen."

„Das stimmt. Da zahlt Ihnen die Versicherung nix."

„Aber wenn ich was davorhänge, was jeder aufkriegt, zahlt sie schon?"

„Genau. Drum verkauf ma's ja."

„Es ist eh nix Wichtiges drin. Ein paar alte Regale und ein paar Fliesen."

„Und warum wollen S' es dann absperren?"

„Weiß nicht. Hab geglaubt, das gehört so …"

„Ja, schon irgendwie. A Kellertür, die offensteht, des schaut komisch aus."

„Und die Versicherung zahlt dann auch nix. Okay, nehme ich das da."

(Deute auf ein kleines Standardmodell)

„Bitte sehr. Außerdem?"

„Das war's. Danke."

„Bitte. Und wie gesagt: Die Schrauben vom IKEA gibt's nirgends. Das kann ich Ihnen sagen."

LAST CHRISTMAS
EINKAUFEN KURZ VOR WEIHNACHTEN

Kann ich echt empfehlen. Wenn man es gerne unangenehm hat: ab auf die Mariahilfer Straße. Am besten zwischen 22. und 24. Dezember. Mein lieber Herr …
Es überrascht wahrscheinlich niemanden außer mich selbst, aber ich habe Weihnachten jahrzehntelang ignoriert, grundsätzlich nichts eingekauft und von dem Wahnsinn, den Sie Weihnachten nennen, nur gelesen. Weihnachten als Zustand ist halt ein Klischee, so wie das Klischee, dass Hunde kacken. Stimmt aber beides. Die Theorie war mir bekannt, jetzt aber habe ich selber kleine Kinder und denen will ich ein unfassbar leiwandes Weihnachten machen, vor allem, weil ich selber gerne mit Ritterburgen, Rennautos und Dinosauriern spiele. Bin ich also am Tag vor Weihnachten auf die glorreiche Idee gekommen, einen Christbaum zu kaufen. So weit okay (außer der Tatsache, dass man mit Bandscheibenvorfall vielleicht keine Drei-Meter-Bäume quer durch die Stadt tragen sollte). Weil ich aber sogar mit Pflanzen Mitleid habe, wollte ich den durch harte Försterhand plötzlich aus seinem Walddasein gerissenen Baum nicht in ein schnödes Holzkreuz zwängen, sondern in einen Baumständer mit Wasserreservoir stecken. Wo kauft man so was? Fachgeschäfte für Christbaumständer mit Wasserbehälter sind ja eher dünn gesät.

Ich habe Glück gehabt: Beim Leiner auf der Mahü bin ich fündig geworden. Und was ich da an Menschen gesehen habe … wer schenkt bitte Küchenmixer, Kaffeekannen und Pfeffermühlen (habe ich alles gesehen bei den Leuten vor mir an der Kassa)? Gibt es etwas Unsexyeres, als eine Küchenmaschine zu Weihnachten zu bekommen? Vielleicht Stützstrümpfe oder ein Kanister Heizöl. Kann man alles im Bedarfsfall gut brauchen, aber trotzdem …

Jedenfalls stehen da Menschen in einer ungelogen 20 Meter langen Schlange vor einer (ich wiederhole: einer) geöffneten Kassa. Welchen Glaubens ist die Geschäftsführung von Möbel Leiner? Buddhistisch, hinduistisch, satanistisch? Hallo? Es ist Weihnachten. Und zwar morgen. Und ihr habt EINE Kassa geöffnet? Irgendwie originell und ich habe Respekt vor dieser überaus mutigen Entscheidung. Noch größeren Respekt habe ich aber vor der Kassierin, die mit engelsgleicher Geduld Kunden abfertigt und in der halben Stunde, in der ich sie beobachten konnte, keine Anzeichen von Hysterie, Panik oder ungelenkter Aggression erkennen ließ. Also all das, was ich in der Situation hätte. Völlig alleine ist sie da hinter ihrer Kassa gestanden und hat gleichmütig eine Glaskugel nach dem Küchenmixer über den Scanner gezogen.

„Sackerl?"

Bewundernswert. Dass sie nur „Sackerl" statt „Brauchen S' ein Sackerl?" gesagt hat, verstehe ich – aus Gründen der Effizienz. Alle 30 Sekunden „Brauchen S' ein Sackerl" zu sagen, könnte nervig werden. Da reduziert man eben. Hätte sie mir nur ein angedeutetes „Sa…" entgegengemurmelt, könnte ich ihr auch keinen Vorwurf machen. Meinen Respekt haben Sie, Frau Kassierin.

Danach zur Erholung ins Café.

„Ich hab heuer gar keine Geschenke gekauft."

„Genau, ich auch nicht. Wenn ich wem was schenken will, dann mache ich das, wann ich will und nicht weil im Kalender ‚Weihnachtskonsum' steht."

Oha! Ich bin unter echte Freigeister geraten. Was kommt als Nächstes? Wir haben keinen Fernseher daheim? Kein WLAN und keine Mikrowelle, wegen der Strahlen?

Ist eh okay und legitim. Aber warum legen sich Menschen solche Stehsätze zurecht, als wären sie Statussymbole? Ist man ein besserer Mensch, wenn man etwas boykottiert, das zu boykottieren eh schon längst Common Sense ist?

„Gegen Konsumwahn sind sie also …"

„Ach nein. Ich bin ja so was für Feindlichkeit gegen alle Minderheiten. Für Krieg, Hunger und Ungerechtigkeit. Und für juckenden Ausschlag für alle bin ich sowieso."

Mich nervt Weihnachten auch! Aber es nervt mich auch, demonstrativ dagegen zu sein! Hilfe!

ICE ICE BABY

BEN & JERRY'S

Was immer Sie auch tun: Wenn Sie industriell gefertigtes Speiseeis kaufen, kaufen Sie es von Ben & Jerry's.

Ja, natürlich ist das mittlerweile eine Riesenfirma, die jetzt auch zu Unilever gehört. Aber, und das glaubt man kaum: Die Firmengründer waren wirklich Gute. Die tun nicht nur so, die tun wirklich was: „Ben & Jerry's Climate Change College" – ein vom Unternehmen finanziertes Klimaschutzprogramm, das „Caring-Dairy-Programm", das sich für eine nachhaltige Milchwirtschaft einsetzt, und vor allem der „Free Cone Day", wo man an einem Dienstag im April Gratiseis bekommt, aber für einen guten, sozialen Zweck spenden sollte.

Klingt alles nach einem guten Marketingplan, ist es wahrscheinlich auch. Aber: Das muss kein Widerspruch sein. Man kann ein erfolgreicher Unternehmer sein und trotzdem nicht zum Arschloch werden.

Warum ich das glaube? Mein ehemaliges Au-pair-Mädchen (ja, ich hatte so was, bin ein verwöhntes Bürgerkind) war in der Schulklasse mit Jerry Greenfield, dem „Jerry" von Ben & Jerry's. Und sie hat mir glaubhaft versichert, dass das kein Schlechter ist. Mittlerweile lebt sie (mein Ex-Au-pair-Mädchen) in Israel, hat sieben, acht oder zwölf Kinder (ich weiß es nicht), ist zum Judentum konvertiert, bangt um ihre Söhne, die in der Armee sind, und ich treffe sie eigentlich fast nur auf Facebook. Nachdem das aber so was wie die neue Realität ist, gilt das auch.

L. (so nenne ich sie jetzt mal) hat mich – als ich noch keine fünf Jahre alt war – „funny old man" genannt. Sprich: Ich war grantig wie ein verhärmter Großvater, aber unfreiwillig lustig dabei. Schon als 5-Jähriger. Daran hat sich bis heute nichts geändert, sie hat also recht gehabt. Schon alleine deshalb sollte man ihr Urteil, betreffend Ben and Jerry's, ernst nehmen. Sie hat außerdem Dinge gesagt wie „wasch deine Geschichte und putz den Zahn". Das habe ich damals so interpretiert: Sie erzählt mir eine Gute-Nacht-Geschichte, wenn ich mir nur einen Zahn putze.

Seitdem weiß ich: Amerikaner verwechseln leicht „Gesicht" und „Geschichte" und tun sich schwer mit der Mehrzahl von „Zahn". Man sollte also nicht alles wörtlich nehmen, was Menschen aus anderen Sprach- und Kulturkreisen sagen, sie meinen es möglicherweise anders.

Und: Es ist wurscht. Wenn sie leiwande Menschen sind, liebt man sie ein Leben lang, so wie ich L. Das mit der Gute-Nacht-Geschichte, dem Gesichtwaschen und dem Zähneputzen habe ich mit ihr dann nach der sprachlichen Verwirrung anders diskutiert. Wahrscheinlich habe ich so lange geschrien oder Luft angehalten, bis sie ihren virtuellen Gazastreifen freiwillig geräumt hat. Ich liebe und verehre sie bis heute. L. hat übrigens in Wien Gesang studiert und in ihrem Zimmer Tonleitern auf und ab gesungen. „Ia, ia, ia, ia, ia, iiih!"

Das haben mein Bruder und ich extrem lustig gefunden und vor ihrem Fenster gelauert, um sie abzulenken, wenn sie wieder zu singen begann.

Das hat sie vermutlich fürchterlich genervt, sie hat es mich aber nie spüren lassen. Als dann mein Großvater aber nicht mehr vom WC herauskommen wollte und meine Eltern nicht daheim waren, wurde L. unrund. Sie hat mehrmals an der Badezimmertür getrommelt, gerufen, gebettelt: nichts. Zwei Buben (fünf und sieben), ein Pensionist, der auf Klopf- und Schreigeräusche an der Badezimmertür nicht reagiert, und die Eltern nicht daheim – das Ganze damals für eine Studentin Anfang zwanzig: Halleluja! Verdacht: Der gute Mann hatte einen Herzinfarkt und sitzt jetzt verwesend auf der Porzellanmuschel.

Was macht L.? Sie holt den kräftigen Nachbarn, dem sie noch am ehesten zutraut, die Tür einzutreten (der war dann später Masseur der ÖFB-Nationalmannschaft, hach was war ich stolz, den persönlich zu kennen!), und er kommt rein. L. schickt mich und meinen Bruder weg, kleine Kinder sollen keine Leichen sehen. Geht gar nicht. Er kontrolliert kurz das Türschloss, nimmt Anlauf, und … rennt die Tür mit Bravour ein. Natürlich waren mein Bruder und ich nicht weg, sondern haben hinter der Ecke gelauert. Und was bekamen wir zu sehen?

Meinen Großvater, mit dem Kurier auf den Oberschenkeln eingeschlafen. Er ist dann kurz aufgeschreckt, hat „was, wie?" gefragt, und das Thema „toter Mann am Klo" war für den Tag erledigt. An dieses Dilemma auf der Toilette, an den ÖFB und Israel muss ich jetzt immer denken, wenn ich irgendwo Ben-&-Jerry's-Eis sehe. Also große Weltpolitik. Guten Appetit!

UNTER HOSEN
HILFIGER & CO.

Ich unterscheide bei Unterhosen zwischen zwei Sorten: die aus Biobaumwolle vom H&M in schwarz und andere Unterhosen in schwarz. Die vom H&M sind völlig ausreichend, um nichts besser oder schlechter als andere (kratzen nicht, lassen sich tadellos waschen und machen einen Welthintern – wirklich!). Ab und an überkommt mich aber der innere Snob und ich marschiere zu Peek & Cloppenburg, um ein paar Calvin-Klein- oder Hugo-Boss-Unterhosen zu kaufen, in schwarz. Es gibt keinen guten Grund dafür. Wahrscheinlich ist es ein Kindheitstrauma: Als Teenager durfte ich verständlicherweise keine Lacoste-Leiberln tragen, weil die einfach unverhältnismäßig teuer waren und sind. Natürlich trage ich jetzt justament eines und im Zuge dessen wahrscheinlich auch Calvin Klein und Hugo Boss – die Lacoste und Fred Perrys der Unterwäscheszene. Mit Calvin-Klein-Unterhosen ist auch immer ein gelungener Spaß garantiert, wenn einer meiner originellen Freunde das Label aus der Jean herausblitzen sieht (tschuldigung, wofür zahlt man das 5-fache für eine Untergatte, wenn's dann keiner mitbekommt?): „Klein', aha. Ist das eine Message betreffend deines Spa…is?"
Ja, ist es. Zufrieden? Bei Hugo Boss macht keiner Witze, ist auch schwieriger. „Boss Hos" könnte man sagen, ist aber deutlich spezieller und man muss sich ein wenig in der

Popbranche auskennen, um den Schmäh zu verstehen. Da lässt sich mit „Klein" deutlich mehr anfangen.

Einzig – und das prangere ich an – die Unterhosen von Donna Karan können nichts. Die habe ich nur gekauft, weil ich das Firmenlogo „D.K." schön gefunden habe (ich hatte mal eine Band gleichen Namens). Vielleicht liegt es daran, dass Donna Karan eine Frau ist und deswegen der Wunsch der Vater des Gedankens beim designen dieser Unterhosen war, aber: Sie hat es ein wenig zu gut gemeint mit der Bewegungsfreiheit, wenn Sie mich verstehen.

Aja, die hätte ich fast vergessen: Tommy Hilfiger! Passen hervorragend, sehen recht hübsch aus mit ihrem rot-weiß-blauen Logo und erfüllen auch ihren Zweck. Die und andere Produkte von Tommy Hilfiger mag ich aus einem sehr besonderen Grund:

Die Mutter eines Freundes ist gelernte Schneiderin und deswegen recht modeaffin. Und so kauft sie ihrem einzigen Sohn mehr Kleidung, als es bei Mitte vierzigjährigen Kindern üblich ist.

„Du, ich hab da eine Weste von xy, eine Jean von yx, und ein Leiberl von Tommy Hil…dings!"

„Wie bitte?"

„Ja, sie bringt das für sie unglaublich obszöne ‚HilFIGER' nicht über die Lippen! ‚Figer' sagt man nicht! Was für ein Segen, dass es nicht ‚La Bums', ‚Fred Puder' oder ‚Giorgio Armanal' gibt."

Wie geht die gute Frau für ihren Buben einkaufen?

„Guten Tag, ich hätte gerne ein blaues Leiberl in large von

Tommy Hil…dings."

„Wie Bitte?"

„Ein Leiberl von Hil…äh…Hildings, na?"

„Was meinen S' denn da?"

„Na, die … die was da drüben hängen."

„Ah so! HilFICKER!"

„Nein … also schon. Äh … die Hil…f…dings."

„HilFICKER heißen die."

„Na. Muass des sein?"

„Wieso?"

„Na, kann man da irgendwie anders sagen?"

„Wie meinen S' das?"

„Wengan Namen."

„A so! ‚Figer' sagen wir intern. Heast, die Dame möchte an schwarzen Ficker, welche Farbe wollten S' noch einmal?"

„Blau."

„Schuldigung …: Ficker! Blau! Genau, für die Dame an Kassa 2."

Jetzt läuft sie fürchterlich rot an, murmelt „Na, eh nix" und schleicht sich aus dem Geschäft. Das sind die kleinen Schicksale, die sich unter unseren Augen ereignen, uns alle betreffen und doch so selten behandelt werden. Denken Sie darüber nach!

NICHTS NEUES IM WESTBAHNHOF
DIE MISS AUSTRIA DER BAHNHOFSZENE

Ich habe einmal einen Fernsehsketch mit dem Titel „Der Mann, der in den Westbahnhof verliebt ist" geschrieben. Kein Scherz! Also schon, irgendwie. Sie können gerne auf YouTube nachsehen. (Geben Sie „projekt x westbahnhof" ein und Sie werden fündig werden.) Darin geht es um einen Mann, der mit der größten Selbstverständlichkeit ein Katzenkostüm trägt und dem Westbahnhof regelmäßig Blumen vorbeibringt, ihn auf seine kalten Steinmauern küsst und liebkost, weil er in ihn verliebt ist. So etwas habe ich einmal lustig gefunden. Finde ich teilweise immer noch, aber man entwickelt sich – langsam aber doch – weiter. Das mit den Blumen würde ich heute vielleicht weglassen, ist mir zu kitschig.

Der Westbahnhof gewann 2012 und 2013 die Wahl zum schönsten Bahnhof Österreichs. Dass es so eine Wahl überhaupt gibt, ist an sich schon einmal erstaunlich (vielleicht sollte man auch über Österreichs schönste Millionenstadt abstimmen, dann hätte Wien gute Chancen). So ist der Westbahnhof also nicht nur Objekt absurder Begierden, sondern auch so etwas wie eine Miss Austria der Bahnhofszene. Das ist aber – muss man auch zugeben – nicht besonders schwierig. Ich kann mich erinnern, dass Österreichs Bahnhöfe vor einigen Jahren kollektiv zu den hässlichsten

Europas gewählt wurden. Rumänien oder Bulgarien waren noch Konkurrenz um den letzten Platz, aber sonst hatte Österreich wirklich Willen zur Konsequenz demonstriert. „Nein, wir brauchen keine Bahnhöfe, die diesen Namen auch verdienen. Weil: Die Züge fahren auch so. Wie die Bahnhöfe aussehen, ist uns so was von wurscht und dass private Kleinunternehmen uns Konkurrenz machen, indem sie in Handarbeit Schienen verlegen, ist unwahrscheinlich." Man muss es zähneknirschend zur Kenntnis nehmen: Wiens Bahnhöfe waren eine Katastrophe in jeder Hinsicht: hässlich, schmutzig, völlig out of date, kein Kundenservice wie Shops, Infrastruktur etc. … Das ist mir auch erst aufgefallen, als ich die ersten Bahnhöfe im Ausland kennengelernt habe und erstaunt festgestellt habe, dass Bahnhöfe nicht generell und zwingend so abscheulich sein müssen wie in Österreich. Da hat sich seitdem viel verbessert, muss man zugeben. Der Südbahnhof ist dem Erdboden gleichgemacht worden (alleine das stellt eine Verbesserung dar) und wird dem Vernehmen nach als Zentralbahnhof neu aufgebaut. Der Westbahnhof wurde 2010 nach mehrjährigem Umbau neu eröffnet und wirkt zumindest ein wenig mehr wie ein Bahnhof aus der Gegenwart als noch vor Kurzem. So richtig funktioniert er aber immer noch nicht. Die Shoppingmall erfreut sich enden wollenden Feedbacks beim Publikum, die Verkehrsanbindung beschränkt sich auf 2 (in Worten: zwei) U-Bahn-Linien (zum Vergleich: Am Münchner Hauptbahnhof sind es 6 Linien), und das neulich angekündigte und bei Drucklegung vielleicht sogar schon umgesetzte gratis WLAN wirkt ein bisschen wie ein Versuch, ein paar Jahre zu spät auch die Existenz von Smartphones als Realität anzuerkennen. („Hey, Sie können uns jetzt auch per Fax erreichen!!! Brauchen Sie nicht? Email? Was? … Oh, Sie haben ein Datenpaket bei Ihrem Handy dabei? Sie brauchen gar kein WLAN? Wie undankbar!")

Genug des Genörgels: Der Westbahnhof ist ganz okay. Es gibt ein Parkhaus (das braucht man auch, schon mal mit Familie und Gepäck U-Bahn gefahren?), die Verkehrsanbindung wurde durch die Sperrung der Mariahilfer Straße noch ein bisschen schlechter als vorher (was wirklich ein Kunststück der Stadtplanung ist), aber er wirkt trotzdem freundlicher und moderner als vorher. Und ein paar Geschäfte gibt es auch. Wenn man also im letzten Moment auf dem Weg nach Linz eine Sonnenbrille benötigt, muss man nicht verzagen.

Aus reinem Vergnügen kommt sowieso niemand auf einen Bahnhof. Da ist man nur, wenn man dringend muss, weil der Zug halt nicht vor der Haustür stehen bleibt. Insofern: Was soll's, mit dem Westbahnhof kann man leben. Und Außerdem gilt: Nicht der Weg ist das Ziel, sondern das Ziel ist das Ziel.

HARD ROCK CAFÉ
RELIQUIENVEREHRUNG À LA VIENNE

Ins Hard Rock Café kann ich nicht gehen – aus persönlichen Gründen: Als The Who in den 90er-Jahren in Wien spielte, war ein Freund von mir beruflich mit der Band unterwegs und erzählte mir folgende Geschichte:

John Entwistle, der damalige Bassist der Band, trug während des Gigs in der Stadthalle ein Hard-Rock-Café-Shirt. So weit, so geschmacklos. Ein, zwei Stunden unter gleißenden Scheinwerfern in einer fensterlosen Halle sorgen normalerweise dafür, dass man gut durchgeschwitzt ist. Das wird bei John Entwistle nicht anders gewesen sein. Aber: Beim anschließenden Abendessen und der After-Show-Party trug er genau dasselbe Shirt!

Das schockiert mich. Verstehen Sie: Auf der Bühne abrocken, das Leiberl vollschwitzen und dann darin in einem Innenstadtrestaurant speisen gehen. Das geht sich aus, wenn wir uns einen jungen Brad Pitt, Johnny Depp oder Leo de Caprio vorstellen. John Entwistle war aber ein bärtiger alter Herr, Jahrgang '44. Der wird nicht sexier, wenn er sich im verschwitzten Leiberl in ein Nobelrestaurant setzt. Und dieses Leiberl war eben ein Hard-Rock-Café-Shirt. Das ist mal der erste Grund, warum ich ein gestörtes Verhältnis zu eben diesem Lokal habe. Ein weiterer Grund: Wir reden vom Hard Rock Café Vienna. Das ist in etwa so sinnvoll wie eine

Niederlassung der Wiener Sängerknaben in der Antarktis. Hard Rock und Wien! Hallo? Was soll man da an Exponaten groß ausstellen? Das original „Gotteslob" von Wolfgang Schüssel? Den Ballettrock von Marika Lichter, ein Billa-Sackerl von Marcel Prawy?

Fast: Eine Lederhose gestiftet von Andreas Gabalier, ein Mikrofon von Christina Stürmer und ein Plattenspieler (!) von Parov Stelar bilden die Speerspitze der heimischen Reliquienverehrung. Im Ernst. Auch ein Anzug MIT Hut der Wiener Sängerknaben ist zu sehen, ich packe es nicht!

Ok, es gibt eine Jacke, die mal in der Nähe von Mick Jagger war. (Es ist und war bei Bühnenkleidung üblich, auf Tour zehn bis 20 idente Outfits mitzuführen. Die wurden zerrissen, verdreckt, ins Publikum geschmissen … oder signiert an „Bravo" übergeben. Oder ans Hard Rock Café.) Und einen von ca. zweitausend Bässen, die John Entwistle besessen hat (es gibt sogar ein Buch über seine abartige Sammelleidenschaft: „Bass Culture: The John Entwistle Guitar Collection"). Das sind aber beide nachweislich keine Wiener. Ist eigentlich keiner der genannten, außer Marcel Prawy, der hat sich aber mit Hard Rock auch nicht leicht getan.

Und dann das peinliche Blattl Papier mit dem „Original Bläsersatz der Beatles" … BITTE! Wer glaubt denn ernsthaft, dass die Beatles sich irgendwie mit Noten, geschweige denn Bläsersätzen auseinandergesetzt haben? Ja! Genau! Da hat halt George Martin, der geniale Produzent der Beatles, seine Assistenten angewiesen, gefälligst Bläser ins Abbey Road Studio zu bringen. Dann haben zwei weitere Tonassistenten versucht zu verstehen, was die Beatles in ihrem Rausch eigentlich meinen. Und dann haben George Martin und 20 seiner Mitarbeiter versucht das umzusetzen, weil die Beatles damals (wie heute und zu Recht) „Big Sellers" waren. Da gab es keinen Widerspruch, das waren Superstars. DIE Superstars. So. Die sagen halt irgendwann: Moi, das wär aber schon lässig, wenn da eine Trompete oder so dabei wäre. Dann hat das halt ein Assistent erledigt, Trompete besorgt plus Begleitmusiker, die haben das im Raucherkammerl zusammennotiert, was sich die langhaarigen Rauschgiftkinder da ausgedacht haben, 20 Mal für alle Ensemblemitglieder kopiert … und genau einer dieser Zettel hängt jetzt im Hard Rock Café Vienna. Irgendwie arm. Oder halten Sie folgendes Szenario für wahrscheinlicher?

John: „Paul, ich hätte zwar ein geiles Gitarrenriff auf meiner neu lackierten Rickenbacker und eine Melodie, aber vorher möchte ich dir die Notenblätter vorlegen, die ich für die zu engagierenden Blechbläser mit Federkiel auf diesem Pergament verewigt habe."
Paul: „Wie dankbar ich dir bin, oh John! Mein Hohner Bass sehnt sich nach Substitut durch einen gestrichenen Kontrabass. Und: Seit Jahren irre ich in der Wirrnis des Rock'n'Roll und wünsche mir nichts sehnlicher als eine saubere Partitur."
John: „Paul! Die Rettung! Hier habe ich ein Stück Papier mit den voll richtigen Noten für die anderen. Also … äh … weißt eh, die was nicht Gitarre spielen, die mit den Trompeten. Ich weiß zwar nicht, wie man Noten liest, aber dieses Papier … das ist voll Beatles. Aber echt."

Paul: „Das macht mich fertig. Ich muss mich hinlegen!"
John: „How do you sleep?"

Alles in allem: Wäre es da nicht würdevoller zu sagen okay, wir verkaufen Hamburger mit Pommes, servieren Getränke, aber das mit den Devotionalien der Rock-Superstars überlassen wir London und L.A., weil dort macht es auch Sinn? Ich geniere mich ein bisschen, wenn ich als Wiener daran vorbeigehe. Sorry.

HIN UND WUK
VON WERKSTÄTTEN & ANDEREN PARTYS

Das WUK muss man mögen, wenn man gerne weggeht und Konzerte besucht. Ich mag es auch, weil ich ein paar sehr schöne Auftritte hier gehabt habe. Außerdem habe ich in der Fahrradwerkstatt meinen ersten Kurzauftritt in einem Kinofilm gehabt („Tempo", das Spielfilmdebut von Stefan Ruzowitzky – ich arbeite vorzugsweise mit Oscar-Preisträgern). Anscheinend gibt es vorne im WUK ein Beisl, sagt man. Ich kenne niemanden, der jemals drin war, es dürfte also nicht extrem beliebt sein. Im großen Saal war vor tausend Jahren das zweite Geburtstagsfest von FM4. Das war auch spitze. Grissemann & Stermann lasen aus einer Karl-Moik-Biografie vor (ja, das ist lustig!) und Herbert Knötzl vom Projekt X beschloss, als einzige „verrückte" Verkleidung linken und rechten Schuh zu vertauschen. Er hat das auf der Bühne mit keinem Wort erwähnt, es muss höllisch unangenehm gewesen sein, keiner hat es gemerkt – aber er hat große Freude damit gehabt. Ich auch. Ich finde, generell sind oft die besten Scherze die, die keiner bemerkt. Zum Beispiel im Hochsommer einen Skianzug anziehen, im Auto auf einen Weinberg fahren, parken, Heizung aufdrehen und schauen, wie lange man es aushält. Dann wieder nach Hause fahren und jahrelang niemandem erzählen, was man gemacht hat (sonst wäre es zu „offensichtlich"). Ja, ich kenne zwei Leute, die das gemacht haben und auch das finde ich sehr lustig. Oder: das Watschenspiel. Zwei Freunde und ich standen im Winter vor dem Volksgarten und knallten uns gegenseitig Ohrfeigen ins Gesicht. Daraufhin musste man „Danke" sagen und: „Kann ich bitte noch eine haben? Aber ein bisschen fester?", das war die Regel. Also nicht so tun als ob, sondern richtig fest hinhauen, und wenn man selbst eine abbekommt: Haltung bewahren und höflich bleiben. Natürlich hat sich das gesteigert, wir haben bald sehr rote Backen gehabt und die Umstehenden konnten nur mit Mühe davon abgehalten werden, die Securitys zu rufen. Wie erklärt man sich da? „Nein, wir haben keine Schlägerei. Wir spielen nur?"

Im WUK wiederum muss ich sehr lachen, wenn ich heutzutage zum Beispiel auf einer Kindergeburtstagsparty bin und an den Büros Schilder sehe, die aus einer schlechten Satire beim Villacher Fasching stammen könnten. Also wenn reaktionäre Teilzeithumoristen Witze über die blöden linken Wiener machen: Verein der türkischen Studenten in Wien, Africa Foundation, Genderbüro, Transgenderzentrale etc. …(Ich weiß nicht mehr, ob das wirklich so stimmt, aber die Richtung passt) und daneben haben grauhaarige blasse Menschen in einem Saal zu Klezmermusik Tanzkurs gehabt. Auf dem Menüplan des Kindergartens waren nur vegetarische Gerichte und im Hof haben Studenten das Stürmen von Wavebreakern geübt. Kein Scherz! Die haben tatsächlich vier, fünf dieser Metallabsperrungen aufgestellt, wie sie auch bei Demonstrationen verwendet werden, um Menschenmassen zu regulieren. Dann hat eine Gruppe der Studenten

„Polizei" gespielt, die andere Gruppe ist über die Absperrungen geklettert, die „Polizisten" haben versucht, die vermeintlichen Radaubrüder und Schwestern übel zu verprügeln – und dann haben sie Rollen getauscht und das Ganze nochmal durchgespielt. Immer wieder. Also wie kleine Kinder beim Völkerballspielen. Irgendwie süß. Erst habe ich geglaubt, die verarschen mich. Aber die haben das ernst gemeint.

„Und was machst du so am Wochenende?"

„Ich habe einen Kurs für Randale auf Demos belegt, muss noch ein bisserl im Skriptum lesen."

„Cool, ich bin am Proseminar für Vermummung und muss mir als Abschlussarbeit eine Sturmhaube häkeln."

Also Hausbesetzer-Feeling für Kinder aus gutem Haus. Man kann so tun als ob, aber es passiert nicht wirklich was. Wichtig: Solange die Kinder spielen, sind sie gesund.

DAS SPIELERPARADIES
SPIELWAREN HEINZ, TABORSTRASSE

Spielwarenhandlungen sind gut. Grundsätzlich. Und das behaupte ich, der bei jeder Gelegenheit zum Laptop greift, weil das Shoppen im Internet ja so viel bequemer und vor allem so viel günstiger ist. Ist blöd, weiß ich. Die Leute bei Amazon haben's nicht lauschig. Aber erstens bin ich sparsam erzogen worden, und zweitens würde ich auch gerne weniger als nötig ausgeben, wenn ich nicht so erzogen worden wäre. Wenn man da wirklich konsequent sein wollte und nur regional, fair, biologisch konsumierte, … dann gäbe es maximal einmal im Monat Fleisch am Tisch, weil es so sagenhaft teuer wäre. Und würde der Handwerker ums Eck die Transformer/Playmobilburgen/Hot Wheels etc. … von Hand aus einem Block glücklich gewachsener Fichte schnitzen, wären sie keine Spielzeuge um 20 Euro, sondern Kunstwerke um 2.000. Mindestens. Ich finde das nicht zwingend gut so, aber meine Lust, das wirklich durchzuziehen, ist enden wollend. Ohne Strom und fließendes Wasser, als Einsiedler und Selbstversorger …? (Im Urlaub gerne, darum ist Urlaub am Bauernhof so beliebt. Ist gut für das schlechte Gewissen: „Hey, ich habe heute die Eier fürs Frühstück SELBER aus dem Stall geholt!!! Der Bauer war dabei und hat mir gezeigt, welche von den Tieren die Hühner sind.") Die Fotos davon postet man dann aber schon gerne mit dem Smartphone Made in China im Web 2.0 Made in Globalisation.

Kompromiss: Relativ günstig einkaufen, aber nicht im Internet – also zu Toys r Us? Hmm, ich weiß nicht.

Spielwaren Heinz ist jetzt auch kein bärtiger alter Mann, der aus Tannenzapfen Kinderspielzeug herstellt. Aber: Es ist ein Geschäft. Ein ganz normales Geschäft. Sie verkaufen den gleichen Spielzeugschmarren, den man überall bekommt, und meistens auch ein bisschen teurer ... aber ab und zu leiste ich mir die paar Euros extra und gehe in ein richtiges Geschäft. Nicht zum Laptop und nicht zum Diskonter. Das zahlt sich schon deshalb aus, weil man da andere Kunden UND Verkäuferinnen trifft. Wie sie ratlos vor den Regalen stehen, wie sie verzweifelt versuchen, genau das Teil zu finden, das sich der Spross gewünscht hat (das es hier natürlich nicht gibt, weil die Auswahl zwangsläufig kleiner sein muss als in einem Riesenkaufhaus), das hat schon was.

„Luciano! (sprich: Lutschiano!), ich hab dir schon tausendmal gesagt: Ent. Scheide. Dich! Du sagst erst, du willst eine Ninja Turtle und dann doch wieder einen Transformer."

Das ca. 5-jährige Kind liebäugelt mit einem Dinosaurier, ca. einen halben Meter hoch, voll motorisiert, um 119 Euro.

„Lutschiano! Ich hab dir tausendmal gesagt: Schau dir nicht Sachen an, die nicht gehen. Nein, gib die Finger weg. Sag einmal, hörst du nicht? Lass das in Ruhe! In zwei Wochen kommt das Christkind."

Das Kind streichelt inzwischen zärtlich einen Roboter, der so groß ist wie es selbst.

„Du kriegst jeden Tag Spielzeug! Und weißt du, was ich glaube? Du freust dich gar nicht mehr über das Spielzeug. Du willst nur einkaufen gehen. Gell, Lutschiano?"

Das Kind schweigt natürlich. Was soll es auch sagen? Ginge die Mutter nicht jeden Tag mit ihm ins Spielzeuggeschäft, wüßte der kleine Mann gar nicht, was es heißt, jeden Tag Spielzeug zu kaufen.

„Jetzt tummel dich! Ich versäum den Arzttermin!!"

Das beeindruckt einen 5-Jährigen natürlich enorm. Zwischen Roboter und Dinosaurier stehend, und jetzt die Vorstellung, dass die Mama einen Arzttermin versäumen könnte. Vor die Wahl gestellt: Spielzeug oder Mamas Arzttermin, entscheidet ein Kleinkind so wie ein Erwachsener zwischen Urlaub auf Hawaii und Steuererklärung. Prompt wendet er sich der Playmobil-Ritterburg zu.

„Lutschiano! Was habe ich gesagt: Schaue dir nicht Sachen an, die nicht gehen. Wie oft hab ich's gesagt? Tausendmal, glaube ich."

Das halte ich mittlerweile für gut möglich – alleine in den letzten 20 Sekunden hat sie es dreimal gesagt – und wende mich den Spielzeugautos zu. Dort hebt ein Herr eine Hot-Wheels-Bahn hoch, dreht sie nach allen Seiten und vergleicht sie immer wieder mit einem Prospekt, den er in Händen hält.

„Na, des is ned."

Er hebt die Schachtel mit der Autorennbahn noch mal hoch.

„Na, des is a andere … Frääääulein????"

„Ja bitte?"

„Ich suche SO eine Bahn", und hält ihr den Prospekt vor die Nase.

„Moment …"

„Sie geht zu der Stelle, wo der Mann die Schachtel geholt hat, blickt sehr gewissenhaft auf den leeren Fleck am Boden …"

„Na, die hamma ned."

„Denk ich mir. Ich hab s' nämlich auch nicht gefunden."

Na, wenn's da ned steht, dann hamma's ned.

„Hmm, können S' mir vielleicht nachschauen, ob's die in andere Filialen gibt?"

„Moment."

Geht zum Computer, greift zum Telefon.

„Ich ruf sicherheitshalber an, dass Sie ned umsonst hingehen."

„Ja bitte."

Sie schaut noch mal in den PC.

„Da hätt ma s' aa no ... und do aa no. Soll i s' für Sie reservieren?"

„Und dass Sie s' hierher in die Filiale bringen lassen?"

„Des dauert a Woche. A Woche Werktage. Aber – ich seh gerade – da hätt ma s' aa no."

„Na ..."

„Moment, ich schau nur, obs lagernd is ..."

„Na, na ..."

„Do ned?"

„Da Bua kriegt eh vü z'vü. Lossen S' des."

„Sicher?"

„Ja, es kann ned immer alles geben."

„So wie früher bei uns?"

„Genau. Ma kann ned alles haben was ma si wünscht."

„Jo eh. Mia ham aa ned olles kriegt, wos ma woin hättn. Soll i Ihna ned oruafn?"

„Na, er hod eh scho so vü. Des muas a lernen: Man kann nicht alles haben, was man will."

„Wie S' woin. Soll i eana nimmer anrufen?"

„Na, des macht des Christkind."

Beide lachen, Vorhang fällt.

ZÄHLERKASTENSCHLÜSSEL
KEIN GLÄSERNER MENSCH IN WIEN

In manchen Wohnungen in Wien ist der Zählerkasten für Strom und Gas außerhalb der Wohnung, meistens am Gang, angebracht. So weit, so gut. Selbiger ist abgesperrt. Auch gut. Man weiß ja in Zeiten von NSA nicht, was unlautere Menschen mit so sensiblen Daten wie Strom- und Gasverbrauch alles anstellen könnten. Alleine die Vorstellung, dass jemand ein Foto von meinem Stromzähler ins Internet stellt, lässt mich erschaudern. Gläserner Mensch, 1984, Überwachungsstaat und so weiter. Darum ist der Kasten verschlossen.

Warum, aber … warum gibt es in jedem x-beliebigen Baumarkt einen Schlüssel dafür? Ich weiß nicht wie viele, aber es müssen Zig- bis Hunderttausende Zählerkästen sein, die gewissenhaft verschlossen werden, und die Schlüssel dafür gibt es zwischen Spanplatten und Schraubenziehern um 4,90 Euro. Genauso gut könnte man die Zählerkästen mit Tixo verkleben oder einfach mit einem bösen Fluch belegen. Wäre ähnlich wirkungsvoll.

Ich war tatsächlich beunruhigt, als mein Zählerkastenschlüssel plötzlich weg war, und hatte mich schon mit dem Gedanken angefreundet, den Winter ohne Strom und Gas überstehen zu müssen. Als ich im Baumarkt beim Fragen um einen passenden Schlüssel dann meinen Ausweis zücken wollte, hat mich die Verkäuferin angesehen, wie wenn ich ihr einen unsittlichen Antrag gemacht hätte. Quasi: „Lass stecken Burli, mir is wurscht wiesd heißt – des wird nix mit uns zwa."

Ähnlich verhält es sich mit Postschlüsseln. Jedes Wohnhaus verfügt über eine Eingangstür, die sich absperren lässt. Gleich daneben ist meist die Sprechanlage, in die man einen Postschlüssel stecken kann und so Einlass erlangt. Und diesen Postschlüssel kann man auch nicht schwerer kaufen als Kaugummi oder Haarspangerln. Finde ich eh ok, aber was genau ist der Plan dahinter?

Oder Postkasterln mit Empfangsbox: Falls der Empfänger nicht daheim ist, legt der Postler das Packerl in die Empfangsbox und hinterlegt im Postkasten einen Zettel samt Barcode, mit dem man die Empfangsbox öffnen kann, um so an die heiß ersehnte Sendung zu kommen. Problem: In die Postkästen kann jeder greifen, dessen Hände kleiner als ein Suppenteller sind, sich den Zettel herausfischen und so Mamas Dessous daheim probieren.

Es ist alles ein bisschen wie Zeitung kaufen am Sonntag. Rein theoretisch sind die Zeitungen gut gesichert, weil man Münzen in die Verkaufsstände werfen sollte und sie nicht einfach so mitnehmen darf. Also eh relativ gut, wenn man vom Guten im Menschen ausgeht. Ähm, aber sonst? Ist nichts weltbewegendes, aber schön finde ich es schon. Danke, Wien.

STARBUCKS
DER KAFFEE IST FERTIG

Ich verstehe Starbucks nicht. Ich meine ... ich bin zwar gebürtiger Wiener, aber ich bin zeit meines Lebens mit Melange, Großem Braunen und Espresso ausgekommen. Was soll man da groß herumändern? Kaffee schmeckt nach Kaffee und nicht nach Vanille oder Karamell. Es würde auch kein Winzer auf die Idee kommen, Wein mit Cola-Geschmack anzubieten. Obwohl ... warten wir ein paar Jahre, dann kommt das sicher auch. Das Schöne am Kaffeetrinken ist außerdem, dass man sich in Ruhe hinsetzt, Zeitung liest und blöd in der Gegend rumschaut. Dazu nippt man am Glas Wasser und bestellt, wenn es nach Mittag ist, einen Spritzer oder ein Seidl. Man raucht und schlägt die Zeit tot. Bei Starbucks nehmen die Leute einen Pappbecher mit heißem Kaffee (der ja eh gut schmeckt, meinetwegen) und laufen panisch davon. Dann nuckeln sie in der U-Bahn kompliziert daran und versuchen parallel dazu, auf Facebook zu posten, dass sie gerade Kaffee trinken. Oder sie zwängen den Pappendeckelbecher in die dafür vorgesehene Getränkehalterung in ihrem schwarzen Audi, stecken die Prada-Brille in die Haare und nehmen einen Schluck Kaffee, wenn die Ampel auf Rot ist. Dann sind sie ungehalten, weil sie sich angepatzt haben und lamentieren in ihr iPhone, dass die anderen nicht Auto fahren können. Wenn sie dann endlich im Büro angekommen sind, schmeißen sie den halbvollen Becher mit mittlerweile erkaltetem Kaffee in den Mistkübel und holen sich vom Automaten einen neuen. Oder so etwas Ähnliches. Braunes Zuckerpulver, das mit heißem Wasser aufgegossen wird. Mit dem setzen sie sich dann an den PC und posten auf Facebook ein Foto von ihrer neuen Tasche aus LKW-Planen (vorbildliches Recycling) und liken ein anderes Posting, wonach Globalisierung echt arg ist. Und das kommt allem Anschein nach gut an. Muss ich akzeptieren.

Okay, natürlich kann man sich bei Starbucks auch hinsetzen und ein unfassbar sensationelles, weil kostenloses WLAN nutzen. Das kann man in den meisten anderen Kaffeehäusern aber auch. Ich verstehe sowieso nicht, wofür man heutzutage öffentliches WLAN braucht, wenn bei jedem Handyvertrag gefühlte 87 Gigabyte Datenvolumen dabei sind. Jedes Mal, wenn ein Bahnhof, Flughafen oder eine Einkaufsstraße mit gratis WLAN wirbt, denke ich mir: Nein, wirklich? Was kommt als Nächstes? Elektrisches Licht? Türen, die von alleine aufgehen, wenn man sich ihnen nähert? Ich bin beeindruckt! Egal.

Speisen: Gibt es auch. Muffins, Torten, Kipferl, Sandwiches etc. … Wow, das gibt es echt nirgendwo anders. Ich weiß, ich nörgel gerne, aber ich kann nicht alles verstehen. Pizza Hut hat aus völlig nachvollziehbaren Gründen in Wien nicht funktioniert. Warum sollte man amerikanische Pizza essen, wenn Italien zwei Autostunden entfernt ist, und die Dichte an Pizzerien maximal von Chinesen übertroffen wird? So weit, so verständlich.

Warum aber funktioniert in Wien (die Welthauptstadt der Kaffeehauskultur, hallo?), warum funktioniert in Wien eine Kaffeehauskette aus San Francisco? Genauso gut könnte man in Paris Croissants aus Texas anbieten. Finde ich eh ok, jeder wie er will. Aber: Warum?

IN EWIGKEIT ... NAMEN
LUSTIGE FRISEURNAMEN

Ja, ich gebe es zu: Auch ich mag schlechte Wortspiele und kann selten einem platten Gag widerstehen. Aber sind kreative Wortschöpfungen Voraussetzung für den Berufsstand des Friseurs? Ich zähle mal wahllos auf:

„Haarscharf" (13. Bezirk)

„Haargenau" (3. Bezirk)

„Haarmonie" (7. Bezirk)

„Haarlekin" (22. Bezirk)

„O'Haara" (3. Bezirk)

„haar, haar! – HaareM" (7. Bezirk)

„Hairgott" (6. Bezirk)

„Hair Control" (4. Bezirk)

„Haircraft" (7. Bezirk)

„Mohair" (1. Bezirk)

„Stufenschnitt" (6. Bezirk, bei der Stiege in der Theobaldgasse)

„Donauwelle" (8. Bezirk)

„Schnittpunkt" (1. Bezirk)

„Schererei" (1. Bezirk)

„Froh Locke" (8. Bezirk)

„Fortschnitt" (4. Bezirk)

„GmbHaar" (7. Bezirk)

„Go a-head" (7. Bezirk)

„Kamm In" (7. Bezirk)

Nicht schlecht, oder? Und da habe ich nicht mal besonders lange recherchieren müssen. Der einzige Friseur, den ich privat kenne, also mit dem ich befreundet bin, ist vor Jahren nach Berlin ausgewandert. Er heißt Harald, hat seinen Salon aber nicht „Haarald" genannt. Dafür gebührt ihm Respekt und Anerkennung. Leider ist das mit den „lustigen" Friseurnamen kein Wien-Phänomen. In den Bundesländern und in Deutschland gibt es keinen Friseurnamen, den es nicht gibt. „Für Haarsch und Friedrich" fällt mir spontan ein, falls das wer verwenden will: bitte gerne.

Was, wenn diese Unsitte der üblen Wortspiele auf andere Branchen übergreifen würde?

Bäckerei: „Brot und Leben", „AufgeWeckt", „Toastlos"?
Postamt: „Brief Steak", „Kuverture", „Schick und Doof"?
Klempner: „Der Rohrverleger", „Eitel Wanne"?
Elektriker: „Unter Strom", „Kabelbissen"?
Anwälte: „Recht und Schlecht", „Kleines warmes Gericht"?
Gemüsehändler: „Kraut Funding", „Helmut Kohl", „Saal Art"?
Bankenwesen: „Zinsenweisheit", „Bar-Hamas"?
Blumenhandlung: „Zweigstelle"?
Moment … die gibt es wirklich. In der Porzellangasse im 9. Bezirk. Und den Namen finde ich eigentlich wirklich lustig. Und das Geschäft wirkt von außen auch ziemlich okay.

BITTERE BRILLEN

BEIM BRILLENDISKONTER

Brillen kaufen finde ich ähnlich sexy wie Socken besorgen. Gut, mein Gesicht sehen andere öfter als meine Füße, aber ich selbst nicht. Ich sehe untertags weder meine Brille noch meine Socken, darum ist beides lästige Pflicht. Nein, mehr noch: Bei Socken lege ich Wert darauf, dass ich sie paarweise zusammenlegen kann (meistens an farbigen Streifen erkennbar), bei Brillen ... die sind mir wirklich wurscht. Durchschauen muss ich können, kein Kopfweh darf ich davon bekommen und meine Frau muss mich wiedererkennen (was sie in Socken definitiv tut).

Das weiß der Verkäufer im Brillendiskonter meiner Wahl aber nicht. Er ist extrem engagiert und preist mir Stück für Stück die Vorteile verschiedener Brillenmodelle an.

„Das sind zum Beispiel rote." *(Er deutet auf rote Brillen.)*
„Die gehen mehr ins Blaue." *(Er hält blaue Brillen hoch und poliert das Fensterglas darin, sicherheitshalber.)*
„Und die ... ja, die sind sicher mehr ... das ist ein schmäleres Modell." *(Folgerichtig präsentiert er eine Brille schmal wie ein Sehschlitz.)*

Aha, jetzt kenne ich mich aus. Das Problem: Ich weiß selber nicht, was ich will. Weil ich es nicht beurteilen kann. Ich würde auch ein Billa-Sackerl über dem Kopf tragen, wenn mir wichtige Menschen der Meinung wären, dass das gut ist so. Das macht es für den Verkäufer nicht unbedingt leichter. Obendrein scheint er selbst keine Stilkoryphäe zu sein. Eher so als würde DJ Ötzi Reizwäsche verkaufen. Also irgendwie unpassend. Nicht falsch verstehen: Ich erwarte nicht von einem Brillenverkäufer, dass er aussieht wie Clark Kent. Aber wie soll mich jemand in Fragen der Optik beraten, der ganz offensichtlich selbst andere Prioritäten hat?

Egal. Die Brillen sehen alle scheußlich aus. Ich habe bei den meisten Modellen das Gefühl, ich müsste zur Brille einen Handyhalfter dazukaufen. Sie wissen schon: So ein Ding, wo das Handy am Gürtel hängt, das völlig unmöglich aussieht. Vielleicht noch Birkenstockschlapfen dazu? Oder eine Bundfaltenhose? Schön ist es nicht, aber praktisch? Hallo? Ich BIN ein Nerd. Ich muss nicht auch noch wie einer aussehen.

„Da hätt ma was eher Modernes." *(Stolz hält er mir eine Brille entgegen, die vermutlich vor drei Jahren en vogue war. Ray Ban Wayfarer, aber vom Clever der Brillenszene.)*

Dabei hat er sichtbar körperliche Schmerzen, weil er nicht und nicht verstehen will, warum Menschen freiwillig überteuerte Brillen kaufen, die aussehen wie die Krankenkassenbrillen unserer Kindheit.

Selbstverständlich habe ich dieses Modell gekauft. Und ja: Ich sehe aus wie ein Nerd.

HANDY GUT, ALLES GUT
IM BEISL/CAFÉ

„Die Schwoaze geht no."
„Die Rote a. Daun vatäun sa si."
„Jetzt muass a defensiv spün."
„Owa ned, waun a mitn Köö von oben kummt."
„Des is jetzt scho wuascht."
„Jetzt kann ers nimmer hamspün."

Bitte nicht stören. Im Fernsehen läuft gerade Snooker. Ein Beisl/Café im 9. Bezirk. Was ein Café, was ein Beisl und was ein Restaurant ist, lässt sich nicht so genau sagen. „Abfüll-station" wäre wahrscheinlich für die meisten am passendsten, aber welcher Lokalbetreiber schreibt das schon auf die eigene Website?
Ich habe noch nie verstanden, warum Snooker im Fernsehen übertragen wird. Noch weniger verstehe ich die Faszination, die Menschen offenbar empfinden, wenn sie Fingernägel kauend davorsitzen und mitfiebern. Da sitzen aber tatsächlich zwei erwachsene Männer vor der Glotze und kommentieren, wie eine Kugel auf die andere zurollt, dann eine andere berührt, die wieder eine andere berührt etc. … Dann kommt der Gegenspieler dran: Eine Kugel berührt eine andere Kugel, die wieder eine andere berührt, die … und alle haben unterschiedliche Farben. Nachdem es der eine

Kontrahent tatsächlich nicht mehr „hamspün" konnte und jetzt ein vergleichsweise langweiliges Abfahrtsrennen gezeigt wird, wendet sich die Aufmerksamkeit weg von Snooker im Fernsehen und hin zu den wirklich brisanten Dingen.

„Die Handymasten san scho überall."

„Was?"

„Iwaroi sans, die Handymasten. Ma siechts owa ned."

„Findst?"

„Eigentlich schon."

„I waas ned. Mia is nix aufgfoin."

„Eben, wäu ma s' ned siecht."

„Und woher waast es du dann?"

„Weil" *(er deutet mit dem Zeigefinger zum Kopf)*: „Mitdenken! Was is mit die Handys? Werns mehr oder weniger?"

„Mehr, is eh kloa."

„Und wie gengan die? Die Handys?"

„Wos was is. Funkstrom woascheinlich. Was was i?"

„Funk. Richtig. Und der kummt von die Handymasten."

„Jo."

„Oiso sicher weans mehr. Owa des erzählt da niemand. Des steht in kana Zeitung ned."

„Woascheinlich is wurscht."

„Jo, genau: wuascht. Heast! Wauns wuascht is, warum vaoaschens die Leit daunn olle?"

„Wäu's nix zum vaoaschen gibt. Oiso warum solltens in da Zeitung schreiben: Hilfe, die Handymasten kommen?"

„Na, na, du vastehst ned, wos i maan: Hast du gewusst, dass von Handymasten Strahlen weggehen? Und zwoa *(untermalt das Ganze mit Gesten)* in olle Richtungen, *(illustriert mit einem Packerl Zigaretten)* durch die Wand durch. Peng! Und scho hast as."

„Naja, owa waunst kan Empfang hast, is a oasch."

„Fia wos brauch i an Empfang? I schreib zwa SMS am Tag! So vü Empfang hob i a so. Da brauch i kane Handymasten dafia."

„Oja, brauchst scho."

„Na! Ich persönlich nicht."

„Und wie schickst daun deine SMS ohne Empfang?"

„Iwas Netz. Ganz normal."

„Des is jo des, wofia die Handymasten da san. Ohne Handymast ka SMS, vastehst?"

„Na, na! Die Handymasten … na, i was scho wosd manst. Aber: Die bauen des ja nur, wäu's so vüle Handynetze gibt. Und wäu die Leid olle dauernd reden. Waun ma des so macht wie i – zwei, drei SMS am Tag – kaunnst da die ganzen Masten spoan."

„Na, kannst ned. Owa wuascht. Und?"

„Heast! Da san Strahlen iwaroi. Die mochn di fertig. Da is Krebs und so drin. Überall! Iwaroi, wosd midn Handy telefonierst, wirst bestrahlt. Ob du willst oda ned."

„Na geh, des deafst ned so streng seng."

„Peng! Und scho wieda ana, der was des glaubt. Du bist von die Medien manipuliert. Gratuliere!"

„Was i ned. Jo, vielleicht. Owa mia fehlt nix. Oiso kauns ned so oag sein."

„Wast des? Hast es g'messen?"

„Na, owa i hob kan Krebs und fü mi gsund."

„Des hast iwahaupt nix."

„Waun i mi gsund fü, hast des: I fü mi gsund, oiso bin i gsund."

„Du bist ned gsund, du bist a Trottel!"

„Danke."

„Bitte."

„Wäusd Trottel sogst: A Trottellumme is a bekannter Vogel. Woa gestern im Fernsehen, kann tauchen UND fliegen. Oiso: Waunsd ma song wüst, dass i a Fernseh-Schtar bin, guad: danke!"

„Na, des wüll i sicha ned. Du wast genau, was i man."

„Ah so, tua i des? Na, Schmäh! Eh: Wuascht."

„Passt. Prost!"

NAPOLEON

DER 22. BEZIRK

Im 22. Bezirk gibt es … nicht viel. Eher eine trostlose Gegend. Graue Häuser, Industrie und Gewerbeparks … Wäre das Wetter in Wien besser, könnte man sich einreden, es ist hier auch nicht viel anders als in den endlosen Vororten von Los Angeles. Ist es aber nicht, darum: Depression. Umso erstaunlicher, dass ausgerechnet hier Weltgeschichte geschrieben wurde. Im Mai 1809 fand hier die Schlacht bei Aspern statt, die als erste Niederlage Napoleons gilt. Er selber hat das zwar so formuliert, dass er gerade beim Siegen gewesen wäre und dann mitten im Siegen einfach aufgehört hätte – er hat aber verloren. Wirklich. Die Österreicher waren so perplex, dass sie nicht wie erwartet verloren, sondern wirklich gewonnen hatten, dass sie ihn nicht weiterverfolgten. Das hat dazu geführt, dass sie kurz darauf wirklich verloren haben, als Napoleon bei der Schlacht bei Wagram dann doch gewinnen wollte. Sehr österreichisch, gefällt mir. Wie beim Fußballnationalteam. Irgendwie durch Zufall in Führung gehen, dann Angst vor der eigenen Courage bekommen und doch noch hoch verlieren.

Jetzt ist es aber so, dass mich der politische Aspekt von Geschichte gar nicht mal so sehr interessiert. Viel spannender finde ich den Alltag der Personen. Was sie gegessen haben, was sie angezogen haben, was ihnen wehgetan hat und was sie getrunken haben.

Nachdem Napoleon also nachweislich im 22. Bezirk war, ist es naheliegend, dass er irgendwo gejausnet und ein Bier getrunken hat. Oder vielleicht Wein, wahrscheinlich sogar. Diesen Gedanken hat sich ein Bierlokal zu Nutze gemacht und sich frech „Napoleon" genannt. Beweise, dass Napoleon wirklich hier eingekehrt ist, gibt es nicht und ins Online-Gästebuch hat er sich auch nicht eingetragen. Nachdem aber im frühen 19. Jahrhundert die Infrastruktur noch nicht ganz so ausgereift war wie heute, wird es nicht so wahnsinnig viele Gasthöfe gegeben haben. Also sind er und sein Generalstab vielleicht über den Kagraner Platz geritten und haben sich gedacht „Noch eine gute Stunde Zeit bis zur Schlacht. Gemma noch geschwind eine Kleinigkeit einschneiden. Tout de suite!" Und dann haben sie einen Gasthof gesehen und gefragt, ob sie noch warme Küche haben. „Najo, Schinken-Käse-Toast kann i machen. Oder Frankfurter. Was klaanes hoit."

Daraufhin hat Napoleon erklärt, dass er der Kaiser der Franzosen ist, sie mindestens 20 Leute mithaben, die alle konsumieren, und da hat sich der Wirt überlegt, dass das schon ein Geschäft sein könnte und hat extra die Küche aufgemacht.

Die Vorstellung, unter demselben Dach wie Napoleon ein Bier zu trinken, ist schon sehr reizvoll und ich wüsste gerne, ob er im Raucher- oder Nichtraucherbereich gesessen ist. Hat er sich vom Kellner mit Händen und Füßen die Speisekarte übersetzen lassen? „Bretzel … cést un … äh … une baguette. Mais … anders, rund, you know?" Hat er sich recht schwergetan beim Schneiden seines Schnitzels, weil er nicht und nicht die rechte Hand aus seiner Westentasche nehmen wollte, wie man es von Gemälden kennt? Oder hatte er dafür einen Adjutanten, der ihn auch gleich gefüttert hat?

Haben sich er und seine Generäle darüber gefreut, dass es in der Speisekarte richtig „Cordon" und nicht wie so oft falsch „Gordon Bleu" heißt? Und: Wie dankbar war Napoleon Bonaparte, Kaiser der Franzosen, über die Tatsache, dass auf der Speisekarte ausführliche Allergeninformationen aufgelistet sind?

Dass ein Raum „Waterloo" heißt, hätte er aber wahrscheinlich geschmacklos gefunden.

ROSSAUER BRÜCKE & ROSSAUER KASERNE
RITTERBURG IN WIEN

Mit der Rossauer Brücke kann man bei jugendlichen Gästen reinfetzen, weil sich unmittelbar unter ihr die Graffiti Hall of Fame befindet. Also der Teil von Wien, der noch am ehesten voll nach Brooklyn und Gangsta aussieht. Unpassenderweise stehen keine brennenden Mülltonnen daneben. Meist liegen Studenten in der Wiese und lesen artig in ihren Skripten. Mit großer Konsequenz halten meist ein oder zwei ältere Herren ihre Angelruten ins Wasser und erwecken nicht wirklich den Eindruck, als ob sie jemals einen Fisch aus der Nähe gesehen hätten, geschweige denn Wert darauf legten. Muss etwas Meditatives sein. Beim asiatischen Bogenschießen geht es auch nicht darum, einen Feind vom Feld zu räumen, sondern eins zu werden mit dem Bogen, seine innere Mitte zu spüren und blabla …

Gleich nebenan: die Rossauer Kaserne. Und die wurde aus einem interessanten Grund errichtet. Nämlich um sicherzustellen, dass sich das Proletariat nicht mehr gegen die Obrigkeit erheben kann. Das hatte es 1848 getan und das wollte man nicht noch einmal erleben. Aus demselben Grund wurde auch das Arsenal errichtet. Warum auch nicht. Aus reiner Philanthropie hat noch keine Regierung irgendwo irgendetwas errichtet. Die Prachtstraßen in Paris entstanden auch nur, weil man breitere Straßen brauchte, um im Notfall mit Kavallerie und Artillerie samt Donner und Granaten gegen Aufständische aufmarschieren zu können. Für Touristen haben die das nicht so hübsch und großzügig angelegt. Nein, nein – einfach um besser auf den Pöbel schießen zu können. Da sind enge Straßen echt hinderlich, muss man verstehen. Analog dazu die Rossauer Kaserne: Zentral gelegen, da müssen die Demonstranten irgendwann vorbeikommen, und man kann sie viel leichter vom Balkon weg abknallen, als wenn man extra aus verschiedenen Wachstuben zusammenlaufen müsste.

Insofern ist es nur folgerichtig, dass die Rossauer Kaserne jetzt Polizei (WEGA, Cobra etc. …) und Verteidigungsministerium beherbergt. Zu unserem Schutz natürlich. Dass es eigentlich „Bundesministerium für Landesverteidigung und Sport" heißt, finde ich besonders schön. Ich schlafe deutlich ruhiger seit ich weiß, dass irgendwo in der Republik jemand rhythmische Gymnastik oder Eisstockschießen zu meiner Sicherheit trainiert. Da werden die Russen schön schauen, wenn sie uns wieder die Uhren stehlen kommen wollen.

„Oh nein, Igor! Lass uns lieber fliehen – die chaben Schleifen, Keulen UND Gummibälle!" „Ja, Vladimir! Und der krimige Klassenfeind in Moonboots und Eisbärmütze mit seinem Eisstock … wenn der bloß nicht chrantig wird, sonst ist Schluss mit lustig und Kalinka."

Ich habe meinen Kindern erklärt, dass die Rossauer Kaserne eine Ritterburg ist. Erstens war ich zu faul zu erklären, was ein Ministerium ist, was Soldaten sind und was sie mit Sport zu tun haben. Zweitens gehen die Kinder davon aus, dass richtige Polizisten Räubern nachlaufen, um sie hernach einzusperren und in gestreifte Kleidung zu stecken, und nicht in Backsteinbauten herumsitzen. Und drittens ist es auch nicht ganz gelogen. Es ist eine Ritterburg, irgendwie: Menschen mit Waffen sitzen drinnen und passen auf, dass keiner reinkommt. Und wenn sie wollen, können sie rausstürmen und die Bauern überfallen. Außerdem: Wenn ihnen drinnen in der Burg fad wird, veranstalten sie ein Ritterturnier. Also rhythmische Gymnastik. Mit Eisstockschießen.

PS: Angeblich hatte man ursprünglich vergessen, Toiletten in die Rossauer Kaserne einzubauen. Ein böses Gerücht, wie sich bei näherem Blick herausstellt: Für Offiziere waren sehr wohl Toiletten vorhanden. Und für die Mannschaften auch. Irgendwo, man weiß es nicht genau. Gut, man hat jedenfalls später welche eingebaut. Zufrieden?

DIE PASSAGE
TREFFPUNKT ANNO DAZUMAL

Man sagt zwar meistens „Passage", meint aber die Opernpassage, die Kärntnertorpassage und die Westpassage. Letztere zwei habe ich noch nie gehört. Ich sage meistens Opernpassage wenn ich die Passage meine. Auch wenn es eigentlich die Kärntnertorpassage ist.

Ich mag sie jedenfalls recht gerne. In den 80ern hat es dort einen „Pseudo McDonald's" gegeben. Haben wir zumindest so genannt. Er selbst nannte sich „Köstli". Keine Ahnung, was aus dem geworden ist. Vor ein paar Tagen habe ich mich aber vergewissert: Jetzt ist ein richtiger McDonald's dort. Weiß nicht, ob das ein Gewinn ist. Dort, wo früher ein Kleidungsgeschäft war, haben sich Jugendliche getroffen, bevor es Handys gab. Da hat man eben gesagt „Treffen wir uns beim xy". Da hat man in Ruhe rauchen, Passanten taxieren und so die Zeit herunterbiegen können, bis alle da waren. Irgendeiner ist schon immer zu spät gekommen. Außerdem ist man in der Passage regengeschützt. Dort, wo ich stundenlang auf Freunde gewartet, geraucht und Mädchen nachgesehen habe, ist jetzt ein Starbucks. Da muss man nicht besonders verklärt in die Vergangenheit blicken, um das schlimm zu finden. Weiter vorne, vermutlich dort, wo es „Opernpassage" heißt, wurden Teile von Falcos „Jeanny"-Video gedreht. Sollte international also mindestens so berühmt sein wie das Riesenrad. Das Problem: Falco ist international gesehen nicht annähernd so weltberühmt wie in Österreich. Gleich daneben ist ein Hutgeschäft. Ich weiß nicht, wer Hüte kauft. Oder warum. Sie sind unpraktisch und wärmen nicht die Ohren. Mitte der 80er war das Hutgeschäft aber sehr beliebt, weil es unter Teenagern en vogue war, sich „Quadrophenia" im Kino anzusehen und sich als Mod zu verkleiden. Dazu gehörte eine bestimmte Art von Hut. Und den hat es im Geschäft in der Opernpassage damals zufällig gegeben. Das muss für die Verkäuferinnen sehr seltsam gewesen sein: Jahrzehntelang kommen nur Damen herein, die so aussehen wollen wie die Queen, ab und zu Herren, die auf ein Begräbnis müssen oder Fiakerkutscher sind … und plötzlich wird der Laden von Halbwüchsigen gestürmt, die ihr Taschengeld loswerden wollen, um wie Halbstarke aus Brighton auszusehen. Ich schätze nach drei Wochen war der Spuk vorbei und die Belegschaft wundert sich noch heute, warum vor 30 Jahren ein bestimmtes Hutmodell so gut, aber nur so kurze Zeit gegangen ist.

Was man anscheinend „Westpassage" (geht es nur mir so, oder muss da jeder an die Nordwestpassage und Roald Amundsen denken?) nennt, wird seit geraumer Zeit von Leuchtschildern verziert, die Zahlen raufzählen. Also: Wie viele Tretminen weltweit hochgingen, wie viele Bücher in Wien ausgeliehen wurden etc. … Eigentlich gefällt mir das ganz gut. Mich überkommt jedes Mal eine Mischung aus Ehrgeiz und Neid, dass mir diese Idee nicht selber eingefallen ist. Andererseits hat mich auch niemand aus dem Rathaus um eine Idee gebeten. Was es gekostet hat, würde ich trotzdem gerne wissen. Ich hätte es billiger gemacht, das steht fest.

Ich weiß nicht, warum die Passage einen relativ schlechten Ruf hat – wahrscheinlich, weil relativ viele Junkies die regengeschützten Hallen in Anspruch nehmen. Was sonst. Sollen sie sich freiwillig in die nasse Kälte stellen? Ansonsten rauschen meistens Menschen durch, die von einem U-Bahn-Gleis zum anderen wollen. Jugendliche treffen sich meines Wissens nicht mehr hier, weil sie Handys haben und man keine fixen Treffpunkte mehr braucht. Irgendwie schade. „Treffpunkt" … wer hätte gedacht, dass das einmal als veraltet gilt? Und die Geschäfte? Nichts was man dringend braucht und nicht anderswo genauso bekommen würde. Fahrscheine mit eingeschlossen. (Ich kaufe meine Jahreskarte online, weil ich das so praktisch finde.) Aber die Menschen, die zu U-Bahn-Gleisen rauschen und die Schilder mit den Zahlen … die sehe ich wirklich gerne.

RIESENRAD IN KLEIN

WIENER WAHRZEICHEN

Das Riesenrad ist ein Rad. Aber nicht riesig. Ist so, tut mir leid. Das riesigste Riesenrad der Welt steht aktuell in Peking und ist 208 Meter hoch. Das Wiener Riesenrad kommt an seinem höchsten Punkt auf schlappe 64,75 Meter. Das ist weniger als ein Drittel des Great Beijing Wheels. Gut, das Wiener Rädchen ist deutlich älter als sein großer Bruder in China, man sollte aber trotzdem bei den Tatsachen bleiben. Boxer können ja auch nicht argumentieren, dass sie eigentlich gewinnen hätten sollen, weil sie doppelt so alt wie ihr Kontrahent sind und der sie nur deswegen nach einer Sekunde K.O. geschlagen hat.

Aber das Riesenrad in Wien ist zweifellos ein Wahrzeichen. Eh ein schönes und ich mag es auch. Mit der Wahrheit darf man es halt nicht so genau nehmen. Österreich ist zum Beispiel vieles, aber nicht „the heart of Europe", wie man gerne in der Tourismuswerbung textet. Der geografische Mittelpunkt Europas liegt nämlich aktuell im Dorf Purnuškės etwas nördlich von Vilnius in Litauen, mit den Koordinaten 54° 54′ 0″ N, 25° 19′ 0″ O. Ist nicht ganz ums Eck, aber gut: Versuchen darf man's ja. Oder war mit heart/Herz gemeint, dass es nicht in der Mitte, sondern weiter unten, am Ende des Rückens – beim Hintern – liegt? Könnte sein, ist aber medizinisch auch umstritten. Als „City of Music" möchte ich eigentlich auch lieber London oder Los Angeles verstanden wissen, Mozart war kein Österreicher und Beethoven Deutscher. So.

Zurück zum Riesenrad: Das macht mir Angst. Knarrende Holzkisten, die an Schrauben hängen, die ich nicht persönlich auf ihre Festigkeit habe überprüfen können, die völlige Auslieferung an den … wie nennt man den Betreiber eines Riesenrades … an den „Ferris Operator"? Es ist wie im Flugzeug, nur noch schlimmer. Man ist völlig machtlos, hat keinen Einfluss auf das eigene Schicksal. Wenn man so eine Holzkabine einmal betreten hat, dann ist man davon abhängig, dass die Person das Rad so lange dreht, bis man wieder sicheren Boden unter den Füßen hat. Was wenn der oder die nicht will? Was wenn der Motor streikt? In Riesenradkabinen gibt es keine Toiletten! Was für eine grausame Vorstellung: Über den Dächern Wiens in einem der bekanntesten Wahrzeichen gefangen und man muss dringend aufs WC. Dort, wo ein James Bond Ganoven jagte, der Dritte Mann Wien weltbekannt machte … genau dort blickt man verzagt auf den Praterstern hinab. Und muss aufs Klo. Irgendwo habe ich mal gelesen, dass Menschen im Riesenrad die Nacht verbringen mussten, weil der Motor gestreikt hat. Gut, das kann einem auch im Aufzug im Büro passieren. Man bleibt stecken und sollte keine Klaustrophobie haben. Aber: In einem Aufzug fühlt man sich nicht so exponiert wie im Riesenrad, wo einem angeblich die Stadt Wien zu Füßen liegt. Ich hatte eher das Gefühl, ich stehe vor Wien am Pranger. Alle können mich sehen. Von Nußdorf bis zum Praterstern. Unwahrscheinlich, aber was weiß man, was es für

Perverse gibt, die einen Feldstecher besitzen und sehr gelangweilt sind.

Höhenangst habe ich sowieso. Ich habe es also vermieden, nach unten zu sehen. Wenn man in einem Riesenrad fährt, hat man nicht viel davon, immer nur hinauf in den Abendhimmel zu starren – aber es fühlt sich irgendwie sicherer an. Ich habe es trotzdem geschafft. Ich habe eine Runde im Riesenrad pannenfrei absolviert. Besuch aus Amerika hatte mich dazu genötigt. Das nächste Mal werde ich aber trotzdem so tun als würde ich nicht wissen, wo genau sich das Riesenrad befindet.

DRESS FOR SUCCESS
PEEK & CLOPPENBURG

Eigentlich ist Peek & Cloppenburg so wie H&M für Leute, denen H&M nicht gut genug ist und die sich das auch was kosten lassen wollen. Vom Prinzip her ist es aber wirklich ähnlich: Das größere Angebot gibt es für Damen (hallo? Männer sind auch eitel, wirklich!), es gibt eine schier unüberblickbare Menge an Fetzen. Und: Die Möglichkeit, sich ausgesprochen geschmacklos einzukleiden, wird von beiden Textilhäusern nach Kräften unterstützt. P&C ist halt die erwachsene und konservativere Version. Das hat den Vorteil, dass man die Trends nicht so oft erneuern muss, und dass die Kundschaft tendenziell mehr Taschengeld hat als die Schulkinder vom H&M. Also stockbiedere Herren in meinem Alter (Mitte vierzig), die glauben, dass sie aber so was von aufgeschlossen sind und dass man immer so alt ist, wie man sich fühlt (so wie ich). Haha, und dann kaufen sie sich Pololeiberln und Pullover mit V-Ausschnitt. Die kann man immer tragen, die sind bequem, aber nicht so leger wie gewöhnliche T-Shirts, und in den 80ern war das ja schließlich auch volle in bei den Poppern. Für den Urlaub im Sommer kann man dann auch mal ein bisschen verrückt sein und ein Leiberl mit Totenkopf vorne drauf erstehen. In der Freizeit sind wir ja alle ein bisschen lockerer und der David Guetta hat auch so eines angehabt, habe ich gesehen, im Fernsehen. Man arbeitet zwar in der Qualitätskontrolle in einer Pharmafirma, spezialisiert für synthetische Körperflüssigkeiten, ist aber dennoch überzeugt davon, sich nicht wesentlich von einem wirklich wilden Rockstar zu unterscheiden. Darum kommt man dann auch mit einer so was von ausgeflippten Lederjacke um 500 Euro auf die Gattin zugetänzelt:

„Schau mal, die is aber schon fesch, oder?"

Die Gattin, in flachen Schuhen und offensichtlich von Sex and the City inspiriert, legt den Kopf zur Seite:

„Mach mal zu vorne … Nein, die ist dir zu eng."

„Wiesooo? Ich finde die super."

„Herbert, du bist nicht … also weißt eh, zwanzig bist nicht."

Herbert schleicht zurück zum Ständer, sein schütteres Haupt schüttelt er grantig und kommt wieder mit einem dunkelblauen Pololeiberl.

„Das da?"

„Ja, schon fesch. Aber hast so eines nicht schon?"

„Eh, vierzig davon eigentlich. In allen Farben."

„Aber wenn's dir gefallen. Ich finde, das sind Klassiker, da kann man nie was falsch machen. Und da hättest an Pullover, der dazu passt."

Hält ihm ein sagenhaft unscheinbares Teil in Mausgrau entgegen.

„V-Ausschnitt. Super."

„Probiers mal miteinander."

Herbert verschwindet schwitzend in der Garderobe, kommt kurz danach in blauem Polo und grauem Pullover zurück.

„Ja … schaut gut aus … nur … der Pepp fehlt noch ein bisschen."

Mit diesen Worten greift sie ihm an den Hals und richtet den Kragen des Pololeiberls auf.

Da rufe ich dann nach der Sauerstoffflasche, wenn ich so etwas sehe. Aufgestellte Polokragen! Das. ist. das. Letzte. Punkt.

Die Gattin ist aber zufrieden, Herbert stellt sich artig an der Kassa an und am Abend haben sie sicher auch etwas völlig Verrücktes getan. Tatort schauen. Aber mit den Füßen auf der Couch!

AM SAND

IM BAUMARKT

„Was woin S'?"
„Eine Sandkiste, bitte."
„Wie bitte?"
„Eine Sandkiste suche ich, aus Holz."
„A so, an Sandkasten."

Wieso müssen Mitarbeiter eines Baumarktes in Wien und Umgebung sich bundesdeutscher Begriffe bedienen? Der erste Bäcker, der mir statt Semmeln „Brötchen" verkaufen will, wird wüst beschimpft.

„Da gengans den Gang fire, und dann …"
„Ja, eh klar. Ich finde das schon, danke."

Sekunden später stehe ich ratlos vor einem Blechregal, in dem – sauber in Plastik eingeschweißt – rote und blaue Plastikmuscheln gestapelt sind. Muscheln, sehr große, aber: Muscheln. Und: aus Plastik. Das sind keine Sandkisten, nicht einmal Sandkasten.
Ich gehe zurück zum Verkäufer.

„Können Sie bitte kurz kommen, ich find das nicht …"
„Na da! Da sans eh!"

„Das? Das sind doch keine Sandkisten."

„Sicher. Und Wasser können S' a einfüllen. Und wenn S' den Deckel von der Muschel drauf tuan, fallt ka Laub eine."

„Hmm. Das mit dem Laub ist mir eh wurscht, ehrlich gesagt. Gehört irgendwie dazu zu einer Sandkiste."

„Naja, viele woins ned. Wäu's unhygienisch wirkt."

„Laub? Die Blätter von Bäumen? Unhygienisch?"

„Na, i söwa eh ned, aber die Kunden."

„Ok, aber gibt's das in größer? Und eckig? Und aus Holz?"

„Hamma g'habt, aber i waas jetzt aa ned ... Moment, oja: in der Gartenabteilung. Da müssten S' eine aus Holz haben."

Ich wandere zur Gartenabteilung.

„Grüß Gott. Ich suche eine Sandkiste aus Holz."

„Da brauchen S' aber viel Sand auch, gell?"

„Ja, denk ich mir."

„Sechs Sackeln mindestens. Eher mehr."

Spitze. Sechs bis zehn Säcke à zehn Kilo schleppen klingt verlockend. Egal. Alleine die Tatsache, dass es einen eigenen Sand für Sandkisten gibt, gefällt mir. Was kann den denn genau unterscheiden von zum Beispiel Sand, der zum Betonmischen verkauft wird? Die Vorstellung, dass 3-Jährige den Sand taxieren und monieren „nein, der Sand ist Gacka, mit dem spiele ich nicht, weil das ist der falsche" erscheint mir ein wenig abwegig.

„Ok, Sand hole ich mir nachher. Aber erst brauche ich so eine Sandkiste. Also aus Holz."

„Ui … ja … ich weiß schon. So eine ganz klassische, gell?"
„Ja."
„Viereckig?"
„Ja, und aus Holz."
„Des is so a Rahmen, der liegt am Boden und in drin ist der Sand, oder?"
„Ja, genau. So was suche ich."
„Haben wir gehabt, aber schon lange nicht mehr."
„Hmm, schade."
„Der Sand ist draußen, neben der Blumenerde."

Toll, ich kann also 60 bis 100 Kilo deklarierten Sandkastensand kaufen. Aber einen geschissenen Holzrahmen dafür gibt es nicht? Nur Plastikmuscheln? Was ist denn das für ein Schwachsinn?
Ich suche aber noch Brennholz. Der Grill will stilgerecht befeuert werden. Also müssen Scheite her. Zufällig erblicke ich ein paar Holzlatten, gut verteilt am Boden und scheinbar zufällig herumliegend. Sehen aus wie übrig gebliebene Palettenteile.

„Das Holz da. Kann ich das mitnehmen?"
„Weiß i ned, muass i fragen. Moment."
Verkäuferin sucht Abteilungsleiterin auf, redet mit ihr, kommt zurück zu mir:
„Na, des kennan S' ned afoch haben. Des san Sandkisten."
„Super, ich suche eh eine Sandkiste!"
„Guad, aber schaun S', dass' ned die foischen Teile …"
Ich greife beherzt zu.

95

„Na, des ghead zur anderen dazua."

„Das da?"

„Waas i ned, owa des do ghead zu ana anderen Sandkisten."

„Und das da?"

„Kennt passen."

„Gibt's da auch eine Bauanleitung dazu?"

„Miassad dabei sein."

Ich drehe und wende eine ein Meter lange Holzlatte und stelle fest:

„Das ist ein Brett, oder? Da ist keine Anleitung dabei."

„Da wean S' Schrauben brauchen."

„Sind da keine dabei?"

„Na, i glaub … miassadn scho wöche dabei sein."

„Hmm, ich finde keine."

„Die san bei die Kleinteile, Gang fünf."

Ich habe also einen Haufen Holzlatten gekauft, war sehr glücklich und habe sie dann daheim zusammengeschraubt. Ich kann das. Ich habe eine Stichsäge, eine Bohrmaschine, einen Akkuschrauber und Schrauben in jeder Größe. Das nächste Mal, wenn ich eine „Sandkiste" suche, frage ich aber gleich nach Brettern.

URLAUB BEI FEINDEN
KÄRNTNER STRASSE

„1257 als ‚strata Carinthianorum' erstmals urk. erwähnt, 1776 erstmals Kärnthnerstraße; im Mittelalter als Fernstraße über Steiermark, Kärnten bis nach Triest und Venedig geplant; 1861 neu benannt bzw. verlängert."

Die wohl bekannteste Straße Wiens ist also seit über 800 Jahren nach Kärnten benannt. Dazu muss man wissen, dass Österreicher im Allgemeinen und Wiener im Speziellen – wenn sie nicht gerade über Deutsche schimpfen – besonders gerne so tun, als ob sie Kärnten am liebsten an Slowenien abstoßen würden. Würden sie natürlich nicht wirklich. Es ist halt gerade so schick und auch opportun (Sie wissen schon: Haider, Hypo Adria, Villacher Fasching etc. …).

Man stelle sich vor, die Straße hieße „Berlinerstraße". Mein lieber Herr, da müsste man sich um den Aufruhr keine Sorgen machen. Oder „Reichsbrücke" oder „Strachestraße" (hoppala, gibt es beide wirklich).

Ich persönlich habe null Probleme mit Kärnten. Habe dort immer eine schöne Zeit verbracht, kenne genauso viele nette Kärntner wie saublöde Wiener und umgekehrt – ich tue mir nur schwer mit dieser Wiener Logik: Lueger wird aus dem Stadtbild entfernt, Che Guevara eingeführt, aber „Kärntner Straße" bleibt? Feig. Was jetzt? Es ist hip, Kärnten zu dissen, weil die so … also … irgendwie arg sind und an allem schuld, was gerade in der Politik, und ... äh ... wie bitte? Das behaupten auch vermeintlich gebildete, liberale Menschen (Sie wissen schon: Künstler, Journalisten, Wissenschaftler und ähnliche Leute, mit denen ich natürlich hauptsächlich herumhänge).

„Kärntner? Nein, ich habe keine Vorurteile, aber die sind wirklich ... deppert." Das geht problemlos durch in einer Gesellschaft, in der man lieber „Migrationshintergrund" sagt, wenn jemand aus dem Nachbarbezirk kommt, weil man nicht als böse gelten möchte.

„Die KärntnerInnen sind wirklich deppert" habe ich aber interessanterweise noch nie gehört.

Ich möchte umgekehrt gar nicht wissen, wie viele Österreicher aus den Bundesländern Wien gerne und mit Handkuss ans benachbarte Ausland abgeben würden. Sagen sie zumindest. Wenn es wirklich so wäre ... na servus. So ähnlich ist das mit Wien und Kärnten. Sich über lustige Dialekte und andere Prioritäten lustig zu machen ist halt einfacher, als vor der eigenen Tür zu kehren. Darum werden Wiener in den Bundesländern mit einer enden wollenden Welle der Sympathie konfrontiert, denke ich mal.

Ist genauso absurd wie die Kärntner Straße selbst: Braucht kein Wiener wirklich, aber für die Gäste benehmen wir uns mal ein bisschen und zeigen uns von unserer besseren Seite: Fußgängerzone, schicke Geschäfte, fesche Menschen und nichts, was man braucht. Wer geht wirklich in der Kärntner Straße einkaufen außer Touristen, die es nicht besser wissen? Wann haben Sie das letzte Mal einen Wiener gesehen mit einem „No Kangaroos in Austria"-T-Shirt? Unterm Arm ein

Augarten-Lipizzanerpferd und im Sackerl die Mozartkugeln und eine original Sachertorte fürs Wochenende? Eher unwahrscheinlich. Ich muss aber ausgleichend anmerken, dass ich Mexikaner kenne, die sich standhaft wehren, Sombrero zu tragen, Japaner tragen nicht durchgehend Kimono, und dass ich am Flughafen Charles de Gaulle niemanden in gestreiftem Leiberl, mit Baskenmütze und Baguette unterm Arm gesehen habe, hat mich schon sehr enttäuscht.

GERADE STEHEN
RATHAUS WIEN

Ich war mal als sehr junger Radioreporter im Rathaus, bei
Bürgermeister Helmut Zilk. Der war schon damals eine
Respektperson, vor der sich Journalisten routinemäßig
angeschissen haben. Nicht weil er nicht reden wollte, sondern weil er reden wollte, was er wollte. Obendrein war das
Thema „1. April". Na Halleluja. Geplante Heiterkeit also …
nicht unbedingt meines, aber bitte. Die Chefredakteurin
hatte mich ins Rathaus geschickt mit dem Auftrag: „Der
Zilk soll an Scherz machen zum 1. April, mit dem wir dann
die Hörer reinlegen können." Fand ich soweit in Ordnung.
Für blöde Witze war ich immer zu haben. So gut oder so
blöd kann der Witz aber nicht gewesen sein, ich kann mich
nämlich nicht mehr erinnern, was es war. Er war aber sicher
sehr originell, was sonst? Haha …
Ein Kollege hatte mich vorgewarnt: „Ich war bei einer Ver-
anstaltung, wo der André Heller geehrt werden hätte sollen.
Und der Zilk hat die ganze Zeit nur erzählt, dass das mit
dem ‚André' eigentlich ein Blödsinn ist, weil für ihn ist er
einfach ‚der Franzi'. Der Heller hat wahrscheinlich zum
ersten Mal in seinem Leben nicht gewusst, was er sagen soll,
und ist tapfer lächelnd danebengestanden. Im wahrsten
Sinne des Wortes."
Als einfacher Unterhaltungsredakteur war ich es gewohnt,

bei vergleichsweise unwichtigen Menschen vorstellig zu werden, sie eine halbe Stunde reden zu lassen, und dann die zehn lustigsten Worte so zusammenzuschneiden, dass die Hörerschaft schmunzelt und die Musik im Radio nicht zu lange unterbrochen wird. Das war relativ unkompliziert und ich war schon recht routiniert dabei.

Nicht so bei Bürgermeister Zilk. Termin um 11.30 Uhr? Egal, der Landeshauptmann kann gerade nicht. Also warten. Was ich in der Stunde ohne Smartphone gemacht habe, weiß ich nicht mehr, aber ich habe es geschafft, die Zeit im Vorzimmer zur Macht irgendwie herunterzubiegen. Die Empfangsdame deutet auf eine einschüchternd große Tür, ich räuspere nervös und trete ein.

Vor mir ein Turnsaal? Ein Ballsaal? Was ist das? Ein Riesenraum, eine Halle – leer. Nein, in der Mitte ganz hinten steht ein Schreibtisch. Dahinter der Bürgermeister von Wien.

„Kommen S' weiter!"

Rein taktisch ist das keine blöde Idee gewesen. Alle Besucher müssen gefühlte 20 Meter zurücklegen, werden dabei vom Landeshauptmann genauestens beobachtet und können gar nicht anders, als sich verunsichert zu fühlen, wenn sie endlich am Schreibtisch von Zilk ankommen. Hat Louis XIV. mit Versailles schon gut vorausgedacht.

Dazu muss man sagen: Ich hatte ein Batzen Aufnahmegerät von der Schulter hängen und ein Mikrofon in der Größe eines Baseballschlägers in der Hand. Damals war nichts mit iPhone, MP3 und anderen Kinkerlitzchen.

Außerdem habe ich von Natur aus eine etwas schlampige Art, mich fortzubewegen. Manche sagen, ich schlurfe.

Jedenfalls: Schlurfend, die eine Schulter von einem Aufnahmegerät in der Größe eines Dieselmotors belastet, komme ich beim Bürgermeister an, reiche artig meine schweißnasse Hand …

„Guten Tag, Herr Bürgermeister."

„Gehen S' noch amoi zrück."

„Verzeihung?"

„Gehen S' noch amoi zrück zur Tür."

„Äh …"

Ich hatte keine Ahnung, was das sollte. Aber es war die erste Begegnung mit einem wichtigen Politiker. Vielleicht war das so üblich. Von Louis XIV. wusste ich ja auch, dass man sich von ihm nur in gebückter Haltung rücklings entfernen durfte. Vielleicht war das bei Bürgermeistern so ähnlich.

Gehe ich also nochmal zurück zu der Riesentür, gehe raus – die Empfangsdame blickt sehr erstaunt.

„Is er nicht drin?"

„Doch, aber …"

„Was is, wo is er?", dröhnt schon der Bürgermeister aus dem Inneren seines privaten Ballsaales.

„Tschuldigung, komm schon."

Der Bürgermeister war inzwischen von seinem Chefsessel aufgestanden.

„Was is los, warum gehen S' raus?"

„Ich hab gedacht, Sie haben doch gesagt …"

„Zurückgehen, hab ich gsagt, net rausgehen."

„Ah so …"

„Und was is jetzt? Kumman S' her!"

Schlurfe ich also wieder die ganze Strecke zurück zu seinem

Schreibtisch, denke mir noch immer nichts Besonderes dabei. Mein Gott, wenn das so üblich ist, mache ich das halt auch.

„Stehen S' amoi grad!"

„Wie bitte?"

„Grad stehen soin S'."

Ich soll gerade stehen? Was glaubt er, was ich gerade tue? Liegen?

„Na geht des net besser? Strecken S' den Rücken durch!"

Er kommt auf mich zu, drückt mir aufs Kreuz, hält meine Brust mit der anderen Hand, damit ich die richtige Körperhaltung bekomme. Er tritt einen Schritt zurück, geht einmal um mich herum.

„Wo woan S' denn beim Heer?"

„Gar nicht. Hab Zivildienst gemacht."

„Net foisch vastehn. Ich bin sehr für den Zivildienst. Da gibt es viele Sachen, die sehr nützlich sind und was bringen."

„Ja, eh. Drum hab ichs auch gemacht."

„Aber beim Bundesheer, da lernt ma grad stehen."

Das Interview mit dem legendären Bürgermeister von Wien habe ich mittlerweile vergessen, war dann nicht mehr so wichtig.

DINOSAURIER, DER FEUER SPEIEN KANN

TOYS R US

Mein Sohn hatte beschlossen, dass er gerne einen Dinosaurier hätte, der Feuer speien kann. Schwierig. Ich weiß nicht, ob es so etwas gibt. Wie ich ein Kind war, hat es das nicht gegeben, das weiß ich. Aber damals hat es auch keine Handys gegeben, auf denen Kinder YouTube-Videos schauen konnten. Und ferngesteuertes Spielzeug hat es auch nicht gegeben, zumindest nicht zu erschwinglichen Preisen. Also vielleicht gibt es jetzt ja Dinosaurier, die Feuer speien können. Was weiß man?

Im echten Leben gibt es das nicht, das ist mir klar gewesen. Weil warum: Dinosaurier gibt es als Pflanzenfresser oder als Fleischfresser. Aber nicht als Feuerspeier, sonst wären es Drachen. Dinosaurier sind von alleine ausgestorben, Drachen sind von tapferen Rittern umgebracht worden. Also brauche ich die Kombination eines Wesens, das weder ausgestorben noch von Rittern erschlagen worden ist. Und das Ganze in Spielzeuggröße und mit Feuer, das kindersicher ist. Von Playmobil gibt es einen Drachen, der eine kleine rote Glühbirne im Maul hat. Wenn man auf den Kopf des Drachens drückt, leuchtet die auf und es sieht ein bisschen aus, als ob er Feuer speien würde. Nicht ganz perfekt gelöst, aber immerhin. Es ist aber ein Drache und kein Dinosaurier. Auf solche Unterscheidungen legt mein Sohn (4) großen Wert.

Er weiß, was er will, ist ordentlich bis zur Pedanterie und ich nenne ihn ehrfurchtsvoll „Chef".

Nicht dass ich Toys r Us besonders gut fände, aber diesmal musste ich hingehen. Die Internetrecherche nach „Dinosaurier, der Feuer speien kann" war nämlich ziemlich ergebnislos ausgefallen.

„Grüß Gott, ich suche einen Dinosaurier für einen Vierjährigen."

„Gerne. Da haben wir welche aus Plüsch, dann gibt es die aus Plastik, die schauen sehr realistisch aus, und dann gibt es die größeren aus Plastik mit Batterien. Die schauen nicht so realistisch aus, können aber brüllen und die Beine bewegen."

„Wow, das klingt gut. Können die auch Feuer speien?"

„Bitte?"

„Die mit den Batterien. Also die, die brüllen können … können die auch Feuer speien?"

„Nein."

„Dass man das vielleicht nachrüsten könnte?"

„Also von Werk aus nicht. Wir verkaufens so, wie sie sind. Und da können die nicht Feuer speien. Wir haben einen Drachen von Playmobil. Der hat eine rote Glühbirne im Maul …"

„Den grauen mit Flügeln?"

„Ja, genau."

„Den hab ich schon. Aber das ist ein Drache. Mein Bub will einen Saurier."

„Saurier speien doch kein Feuer. Das sind Drachen, was Sie meinen."

„Weiß ich. Aber wenn das Kind sich das so wünscht."

„Na wünschen kann man sich viel. Aber Saurier, die Feuer speien, gibt es einfach nicht."

„Na und? Weiße Ponys mit langen rosa Haaren gibt es auch nicht, und trotzdem kann man sie als Spielzeug kaufen. Oder Einhörner! Oder sprechende Autos, wie in ‚Cars' … auch rein erfunden."

„Ja, natürlich."

„Wobei … teilweise gibt es schon Autos, die reden können. So wie Siri vom iPhone. Kennen S' das?"

„Sagt mir jetzt gar nichts."

„Ist eine Sprachsteuerung. Da können S' was reinreden und das Telefon antwortet dann auch."

„Schön, was es alles gibt."

„Und ich glaube, das gibt es für Autos auch schon. Also meines hat das nicht. Aber geben tuts es."

„Na gut … sonst was?"

„Ja, wegen dem Feuer speien. Es gibt doch so Tischfeuerzeuge in Form von Pferden, Kanonen, was weiß ich alles. Da müsste es doch auch eines in Form von einem Dinosaurier geben."

„Feuerzeuge haben wir nicht. Nur Spielzeug. Außerdem wär das dann ein Drache und kein Saurier."

„Da haben Sie jetzt wieder Recht. Oder ich schneid den Plastiksaurier auf und kleb ein normales Feuerzeug rein."

„Das können Sie machen, wie Sie wollen. Garantie ist dann aber keine mehr drauf."

„Ja, das ist klar."

„Und für einen – was haben S' gesagt – Vierjährigen? Ich weiß nicht …"

„Stimmt. Ich red vielleicht nochmal mit ihm."

„Machens das. Dass er nicht zu enttäuscht ist. Sonst noch was?"

„Ja bitte. Ich hätt noch gerne den Abschleppwagen und den ‚Lightning McQueen' von ‚Cars'. Die können ja reden, oder?

„Ja, das sind die Autos, die reden können. Kommen S' bitte weiter …"

BANKGEHEIMNIS
DIE KREDITKARTE IST WEG

Meine Kreditkarte war gestohlen worden, was nicht weiter schlimm war. Wo nichts ist, kann man nichts abheben. Bei der Bank hat man bemerkt, dass ich wohl schlecht zur gleichen Zeit in Wien Geld abheben und in Italien das Auto volltanken kann. Weil auf Tankstellen wiederum Videoaufzeichnung Usus ist, kombinierte die Polizei: Wir brauchen nur wissen, welche Tankstelle das war, und dann sehen wir am Video, wer mit Herrn Haipls Kreditkarte einkaufen geht. Soweit die Theorie. Jetzt fängt der Spaß aber an: Anruf bei der Bank.

„Guten Tag, Karte geklaut, blabla … welche Tankstelle war das bitte?"

„Darf ich Ihnen nicht sagen."

„Sie dürfen mich überwachen, wissen wann ich wo einkaufe und Geld abhebe, aber wenn das jemand mit meiner Karte macht, dann nicht?"

„Dazu bräuchte ich die Kartennummer. Und Ihren Namen."

„Das ist jetzt aber blöd. Meinen Namen wüsste ich noch auswendig, aber die Karte wurde gestohlen, darum kann ich die Nummer nicht ablesen."

„Also wenn Sie die Karte vor sich haben, dann steht die Nummer vorne."

„Das haben Sie tadellos erklärt, aber die Karte ist nicht vor mir, sondern in Italien."

„Dann kommen Sie doch vorbei, wenn Sie wieder in Österreich sind."

Das war der Moment, wo ich gerne den Hörer hingeknallt hätte, geht nur leider nicht mit Smartphones. Irgendwie habe ich die Kartennummer eruiert. Ich rufe wieder bei der Bank an und erfahre, dass jemand in Bologna in meinem Namen Treibstoff erworben hat.

„Gut", sage ich stolz zum Polizisten, „es war die Tankstelle xy in Bologna. Jetzt können Sie das Überwachungsvideo der Tankstelle einsehen, und zack, schon haben wir den Übeltäter."

Polizist: „Nicht direkt. Auf Videoaufzeichnungen im Ausland haben wir keinen Zugriff."

„Auch nicht in der EU?"

„Dort schon gar nicht."

„Und das sagen Sie mir erst jetzt?"

„Sie haben ja nicht gesagt, dass Italien in der EU ist."

Stimmt.

RAUCHTUM IN WIEN

ASCHENBECHER XXL

Ich schicke eines voraus: Ich weiß, dass Rauchen nicht gesund ist. Ich weiß außerdem, dass Passivrauchen nicht gesund ist. Ich kann auch den Schluss ziehen, dass niemand dazu gezwungen werden sollte, Zigarettenrauch einzuatmen, wenn er nicht will. Sind wir uns so weit einig? Gut.

Warum in aller Welt wollen Nichtraucher aber Raucher zwingen, unter ihresgleichen die Luft und sich selbst zu verpesten? Wenn ein Lokal ein deklariertes Raucherlokal ist, wird niemand gezwungen, es zu betreten. In Österreich müssen Muslime nicht auf Schweinefarmen arbeiten, Christen nicht in Puffs, Männer nicht als Tagesmütter und Kellner nicht in Raucherlokalen. Warum will man per Dekret entscheiden, dass Menschen in Lokalen nicht rauchen dürfen? Ist das nicht Sache der Wirten? Ob dann Leute kommen oder nicht, ist ja auch Sache der Wirten – die das letztlich auch ausbaden müssen. Schnitzel ist auch nicht gesund, na und? Muss niemand essen.

Und das Argument mit dem Passivrauchen: Niemand, ich wiederhole, niemand wird gezwungen, Raucherlokale zu betreten. Ich weiß das, ganz bestimmt. Ich war lange Raucher, dann wieder Nichtraucher, dann wieder Raucher und so weiter. Niemals habe ich mich als Nichtraucher genötigt gefühlt, ab einer gewissen Rauchdichte ein Lokal zu betreten. Beim Essen will ich auch nicht eingepafelt werden. Also? Genau: Ich gehe in Lokale, in denen Rauchen nicht möglich ist. Beim Biertrinken gehören aber Tschik dazu. Warum darf ich das nicht selber entscheiden? Hä? Bitte?

Und weil Wien eben anders ist, gibt es öffentliche Aschenbecher auf den Straßen. Das ist nicht nur ein netter Zug, sondern auch ein sehr konsequenter: Auf der einen Seite den Menschen das Rauchen in Lokalen verbieten, auf jede Packung Zigaretten schreiben, dass man nicht sowieso, sondern besonders bald und qualvoll sterben wird – aber Aschenbecher aufstellen. Quasi als resignierende Einladung. „Bitte, ihr hört ja sowieso nicht zu, macht was ihr wollt."

Mit derselben Logik könnte man vor Spielhallen Wechselautomaten aufstellen, um Glücksspiel zu bekämpfen. Warum nicht die Promillegrenze beim Autofahren auf null senken, aber dafür ein Gratisbier pro zehn getankten Litern ausschenken? Oder aufklärende Broschüren über die negativen Auswirkungen von Marihuana an jeden Haushalt, aber hinten dran eine Probierpackung. Papers? („Kleine Aufmerksamkeit aus der Küche, mit herzlichen Grüßen aus Kolumbien.") Von einem rigorosen Waffenverbot mit gleichzeitiger Munitionsausgabe an allen Lokaleingängen fantasiere ich jetzt nicht weiter – man könnte mich sonst der Polemik zeihen. Habe ich da was falsch verstanden oder ist das tatsächlich seltsam? Ja freilich: Ich qualme selbst bisweilen wie ein Kohlekraftwerk, aber öffentliche Aschenbecher werden mich nicht daran erinnern, dass ich damit aufhören sollte. Macht aber eh nichts. Ich lache ja gerne und die Aschenbecheraktion ist dabei eine brauchbare Hilfe.

RAT SCHLAGEN

GELDANLAGE IM 21. JAHRHUNDERT

Mir hat der Anlageberater meiner Bank neulich erklärt – ich hatte einfach so gefragt, was denn in Zeiten wie diesen das Schlauste wäre in Sachen Geldanlage – ich solle alles so lassen, wie es ist. Also Konto, Sparbuch, Bausparer, Fonds, Gold, Juwelen … was es halt so gibt. Oder auch nicht. Er wisse es nicht. Ich könne aber auch alles mit Verlust auflösen und zum Beispiel in einer anderen Währung anlegen. Oder auch nicht. Man könne es nicht sagen. Ich habe dann überlegt und gefragt, ob ich nicht auch dies oder das machen könne. Auf Geldentwertung warten, alles am Schädel hauen etc. … Hat er auch kurz überlegt und gemeint: Ja, das wäre eine Möglichkeit. Oder auch nicht. Kurz: Ich habe mich nach dem Gespräch wirklich viel besser gefühlt. Und ausreichend informiert.

Ich verstehe ja, dass keiner in die Zukunft blicken kann – und wenn, wäre er wirklich blöd, das mit anderen zu teilen (anstatt selbst stinkreich zu werden). Ich verstehe auch, dass man zugibt, nicht in die Zukunft blicken zu können. Aber warum heißt es dann „Finanzberater“? Würde ich beim Billa auf die Frage, wo die Knackwurst liegt, die Antwort „drittes Regal rechts, zweiter Gang, oder auch nicht" bekommen, wäre ich ein klein wenig konsterniert. Auch die Auskunft beim Kfz-Mechaniker, mein Auto sei kompletter Schrott, aber völlig in Ordnung, es komme quasi auf die Sichtweise und Denkschule an und ich müsse nur Wasser nachfüllen, vielleicht aber auch Holundersaft, eventuell aber nichts von all dem – sie würde mich nicht froh machen. Gut möglich, dass ich gar verunsichert wäre.

Umgekehrt das gleiche Dilemma: Hielte mich ein Freund und Helfer Auto fahrend auf und fragte „Sie wissen aber scho, warum i Ihna aufghoitn hob", und gäbe ich dann forsch zu Protokoll „Ei freilich. Der Blinker war's. Nein, das Tempo. Aber unter uns: Sie wollen um meine Hand anhalten. Oder auch nicht."

Ich bin mir nicht sicher, ob das extrem gut ankäme. Oder auch nicht. Was weiß man?

Wenn auch Sie für den wertvollen Ratgeber „Sie fragen, Haipl antwortet" sind, heben Sie jetzt bitte die Hand, geben Sie Ihrem Nachbarn ein Zwickerbussi oder schreiben Sie dem Verlag. Oder auch nicht.

NEULICH IM KAFFEEHAUS

„I STILL HAVEN'T FOUND WHAT I'M LOOKING FOR ..."

Ich alleine, in mich gekehrt, hoch konzentriert an Texten feilend. Am Nebentisch zwei Frauen, ein Mann, schweigend, ein Kind und ein Hund. Die Gespräche drehen sich vornehmlich um die Qualität der Frittatensuppe und der Mehlspeisen, das Kind (ca. 10, 12 Jahre alt) quengelt.

Das Kind (ich glaube männlich): „Mama, wie spät ist es?"
Die Mutter: „Zeit zum Uhrkaufen."

Hier freue ich mich schon enorm über den gelebten Sinn für Humor, aber es kommt noch besser.

Das Kind: „Habe aber kein Geld mit."

Hier treffen also gelernter Umgang mit Satire und Schlagfertigkeit aufeinander. Es wird nicht mehr näher auf das Thema eingegangen, man beschäftigt sich weiter mit Frittatensuppe und Mehlspeise. Wie spät es tatsächlich ist, dürfte doch nicht so wichtig sein. Sowohl Frage als auch Antwort mitsamt Gegenantwort waren eher eine Art Atemübung. Wenig später, das Kind liegt mittlerweile am Rücken auf der Bank, auf seiner Brust die Promenadenmischung.

Das Kind: „Die Cindy geht nicht von mir runter und knurrt."
Die Mutter: „Musst ihr sagen, dass sie runtergehen soll."
Das Kind: „Cindy, geh ..."

Der Hund, alles andere als ein Kampfhund, aber von üblem Charakter, knurrt bedrohlich. Das Gespräch verliert sich im

Nirgendwo von Frittatensuppe und Mehlspeise. Das Kind und der Hund versinken langsam unter dem Tisch. Jetzt aber der Höhepunkt in diesem Dreiakter des Tages:

Das Kind *(sitzt wieder bei Tisch – der Hund knurrt anderswo weiter – und singt U2)*: „But I still haven't found what I'm looking for …"

Die Mutter: „Was heißt denn das?"

Das Kind: „Weiß ich nicht."

Die Mutter: „Sollt ma aber schon wissen, was ma singt."

Das Kind: „Hab eh die Englischlehrerin gefragt, hab's aber vergessen."

Die Mutter rafft sich auf zur Belehrung: „Das heißt ‚Aber ich weiß noch immer nicht, was ich gesucht habe'!"

Anerkennende Blicke der anderen beiden Erwachsenen.

Die Mutter setzt nach: „‚But' heißt ‚aber' weißt?

Danke! Das mag ich!

ZUM FRIEDENSRICHTER

„Zum Friedensrichter" ist ein sehr schöner Name für ein Lokal, wie ich finde. „Beim Scharfrichter", „Zur Siegerjustiz" oder „Der Schlächter von Leopoldstadt" fänden wahrscheinlich nicht annähernd so guten Anklang. Was mir noch ausnehmend gut gefällt: die Einrichtung. Vorne beim Eingang klassische Wirtshausstube mit karierten Kacheln am Boden, und je weiter man ins Lokalinnere schreitet, desto nobler wird es. Also hübsche Muster an den Wänden und Holzboden, dann dunkles Holz und Festtafel. Gäbe es noch ein Zimmer, ginge es vermutlich Richtung Spiegelsaal von Versailles. Das ist mir alles wichtig, denn das Auge isst mit. Auch die Ohren, deshalb der schöne Name. Gute Mischung aus grauhaarigen Bobos und feinen älteren Herrschaften, die sich zu Mittag das Kalbsschnitzel schmecken lassen. Wozu ich gehöre, dürfen Sie selber aussuchen. Ich habe zwar kein Kalbsschnitzel, sondern Schwarzbrotknödel mit Spinat gejausnet, aber als feinen älteren Herren lasse ich mich auch bezeichnen. Meine Begleitung ließ eine Art Suppentopf mit Allerlei vom Rind kredenzen und war hochzufrieden. Weil ich auch mit Suppe, nämlich einer mit Frittaten eröffnet habe, weiß ich: Die Rindsuppe ist herrlich. Der Tafelspitz war auf der Tafel und spitze (sorry, das hat jetzt sein müssen) – die Äpfel vom Apfelkren müssen handverlesen worden sein, weil einen besseren habe ich noch nicht kosten dürfen, und wenn vegetarische Kost immer so schmecken würde wie meine Schwarzbrotknödel auf Blattspinat, hätte die Fauna dieser Erde große Freude mit mir.

Die Bedienung: ausnehmend freundlich. Das ist auch nicht selbstverständlich in einer Zeit, in der so viele junge Menschen mit gewaltverherrlichenden Computerspielen aufgewachsen sind. Da kommt ein junger Mann, interessiert sich überzeugend dafür, ob es schmeckt, schenkt nach und schöpft aus dem Suppentopf, auf dass sich der Gast nicht selbst bemühen muss. Das war schon fast ein wenig beschämend, ich gehöre nicht zu der Sorte Mensch, die sich gerne wie ein Pascha fühlt. Ist mir zu viel Verantwortung und wirkt meistens unpassend. Hier wird man aber wirklich freundlich bedient, ohne sich wie im falschen Film zu fühlen („Verdammt, wir sind im Ritz gelandet, können wir uns das überhaupt leisten?")

Das alles zu leicht gehobenen Wirtshauspreisen: Brav gemacht, kann man weiterempfehlen. (Der Friedensrichter wird ohnehin landauf, landab in sämtlichen Gazetten abgefeiert. Aber bloß weil alle etwas behaupten muss es, wie normalerweise üblich, nicht falsch sein.) Die Speisekarte findet bequem auf zwei Seiten Platz und das ist gut so. Wenn man bei dieser überschaubaren Auswahl nichts findet, ist man sowieso ein dauerheikler Nörgler und sollte gefälligst zum Chinesen gehen, wo das Angebot artig von A bis Z und von 1 bis 100 durchnummeriert ist. Ich aber lasse mich gerne wieder vom Friedensrichter urteilen und richten.

WASSER IST ZUM WASCHEN DA

Erstens: Das Schutzhaus liegt in der Czartoryskigasse im 18. Bezirk. „Czartoryski" ist nicht nur unmöglich zu buchstabieren, geschweige denn richtig auszusprechen, sondern auch der Name eines polnischen Offiziers, der in dieser Gegend im 19. Jahrhundert gelebt hat und Kunstmäzen war. Das nur, damit das jetzt auch alle wissen. Ich habe auch lange in der Gegend gewohnt, suche dringend nach einem Mäzen, nach mir wurde keine Straße benannt und ich habe das mit dem Offizier bis vor fünf Minuten auch nicht gewusst.

Zweitens: Schutzhäuser sind fast immer super. Ich weiß nicht genau warum. Vielleicht weil sie so schön simpel gehalten sind und im Grünen stehen. Beides mag ich sehr.

Drittens: Hier fand das erste Konzert vom Ostbahn Kurti und der Chefpartie statt. Also der Cavern Club von Währing. Muss man so anerkennen, auch ohne Ostbahnkurti-Fan zu sein.

Außerdem: Ich habe – in Schutzhäusern wahrscheinlich eher unüblich – einen Kaffee bestellt.

„Mit einem Glas Wasser, bitte."

„Wasser ist zum Waschen da, Holleri und Hollera …", tönt es vom Nebentisch. Ich schaue erstaunt hinüber, „… und zum Suppe machen", ergänzt der Sitznachbar des Poeten.

Dass man Wasser tatsächlich trinken möchte, war den beiden Herren sehr fremd. Wahrscheinlich weil es so wenig nach Bier schmeckt, und nach Wein auch nicht.

„Was trinkst a Wasser? Davon kriegt ma Leis im Magen."

Schöne Vorstellung: Läuse im Magen, vom Wassertrinken. Gut, im Zweifelsfall desinfiziert der Unblachte („der Ungebleichte": erstes, noch nicht klares, stark methanolhaltiges Destillat bzw. einfach gebrannte Spirituose) die Magenschleimwände sicher besser als ein Glas Leitungswasser.

„Und die Fisch pudern a im Wasser, sogt ma."

„Hmmm, ja."

Ich finde die beiden recht sympathisch, weiß aber nicht recht, was ich antworten soll.

„Na. Schmäh. Owa vastehst? Die Fische pudern im Wasser … Oiso schuastan, na? Sogt ma so."

„Ja, haha."

„Eh ned wirklich, owa drum soit ma ka Wossa trinken, wäu die Fisch drin pudern."

„Na sicher puderns im Wossa, wo sonst?", ergänzt der Adjutant vom Nebentisch.

„Na im … eh im Wossa, aber ned so … wurscht."

„Na was jetzt? Pudern Fisch im Wossa oder ned?"

„Na sicher, owa ned die. Oiso die in dem Wossa im Glasl do!"

„Do is ka Fisch ned drin."

„Sog i jo!"

„Und fia wos redst dann so deppad?"

„Weil: Im Wasser normalerweise die Fische …"

„Und wo woans vorher, Herr Gscheit?"

„Wos was i? In an Bach. Oder in an See. Oder in da Nordsee, is eh wuascht."

„Eben."

„Was? Eben?"

„Jetzt erklär ma: Wo soin Fisch pudern? Auf da Wiesn? Oda im Woid? Sicher puderns im Wossa."

„Sog i ja!!! Heast ma du ned zua?"

„DU hast dem jungen Mann gerade erklärt, dass Fisch ned im Wossa pudern."

„Du huachst ma ned zua. I hob gsogt NED WIRKLICH."

„Guad, wir lernen: Beim Christian pudan die Fisch im Himmelbett."

„Das habe ich nicht gesagt. Owa des Wossa, wos er trinken wü ... da san kane Fisch drin, die was pudern."

„Und woher wüst wissen, wo des Wossa her is?"

„Is a Wiener Hochquellwasser. Was sunst? Um des beneidt uns die ganze Wöd. Schmäh ohne. In Wien kummt es Wossa aus die Alpen. Des kummt vom Kahlenberg. Und host am Kahlenberg scho Fisch gsehn?"

„Na ... i maan: des Wossa vom Kahlenberg. Wo kummt des her?"

„Wos waas i, Donau, ... die Bäch. Und vom Regen, wo sunst?"

„Und wo kummt da Regen her? Ausn Meer und vom Neusiedler See. Und dort san Fisch drin. Und die pudern. Owa mit Garantie."

„So a Bledsinn."

„Na was glaubst du? Dass die Kaulquappen adoptieren aus Afrika?"

„Lustig, Herr Professor. Du glaubst do ned im Ernst, dass des Wossa … des Wossa, wos DU aus da Leitung kriegst … dass des des gleiche is, wo die Viecher drin schwimmen."

„Host du scho amoi a Wossaleitung gseng?"

„Na sicha."

„Na, ned am Heisl. I maan: a richtige. In da Erd. Die is original genau SO dick. Da kaunnst di einelegen!"

„Wü i des?"

„Gott verhüte, da grausert ma."

„Und kummt die aus an stinkaten Tümpel? Na. Die kummt ausn Regen in die Alpen und von duat direkt zur Wien Energie. Na … wie haasen s' … Wien Wasser! Owa: Waun da Regen zum Kahlenberg kommt, san die Fisch nimmer drin. Da kannst genauso song: Ned atmen, wäu die Gösn pudern in der Luft."

„Is eh woa."

„Genau. Trottl."

„Danke, söwa! Jetzt host dem Herrn in Appetit vaduam."

Längere Gedankenpause.

Die Hände hatte ich schon gewaschen, aber Suppe war eine gute Idee. Ich habe mich für Frittatensuppe entschieden. Wasser ist zum Waschen da … und zum Suppemachen, dachte ich mir. Beides erledigt, also habe ich ein Bier bestellt. Da waren auch die Herren am Nebentisch sichtbar erleichtert.

PS: Frittaten werden aus Palatschinken gemacht. Das Wort „Palatschinke" kommt vom rumänischen „placinta", das wiederum vom lateinischen „placenta" kommt. Das habe ich damals Gott sei Dank nicht gewusst.

PPS: Meine Begleitung hat Leberknödelsuppe bestellt. Der Kellner hat gesagt „einmal Lebensknödelsuppe". Auf meinen sehr lustigen Witz „heißt das nicht Leberknödelsuppe?" hat er tatsächlich geantwortet: „Scho, owa vom Schmäh her kann ma a Lebensknödelsuppe song. Lebens-Lebär, na? Wäu's so ähnlich klingt."

MODELLSTADT WIEN
AUF DER MODELLBAUMESSE

Es gibt sicher viele andere Methoden, sich als erwachsener Mann lächerlich zu machen, aber Modellbaumessen sind in dieser Kategorie ganz vorne dabei. Das Gute an so einer Messe ist, dass da viele Gleichgesinnte am selben Ort zusammentreffen. Das ist auch gleichzeitig das Erschreckende. Zu realisieren, dass man die gleichen Interessen hat wie andere Menschen, mit denen man ansonsten nicht gemeinsam gesehen werden möchte, ist sehr ernüchternd. Und macht bescheiden, was die eigene Person anbelangt. Hut tragende Pensionisten, Männer in Trainingsanzügen, die Fußballerfrisuren aus den 90ern toll finden, … die Dame an der Kassa hat etwas von „Freakshow" geflüstert. Na gut, und ich gehöre eben auch dazu. Was soll's.
Ich hoffe inständig, dass ich niemanden treffe, den ich kenne. Das wäre ein wenig so, wie im Sado-Maso-Klub auf enge Verwandte zu stoßen. „Ich hier? Ach ja … ach so … also, ich bin wegen der guten Küche da … und … ah … die Weinkarte soll spitze sein. Was? Marquis de Sade ist kein Koch? Ich Schussel, hab ich ihn schon wieder mit Paul Bocuse verwechselt. Na Gott sei Dank habe ich noch nicht bestellt. Also dann … dann geh ich jetzt wieder. Ciaooo …"
Mir gefällt ferngesteuertes Spielzeug wirklich, was soll ich machen? Ich tue mir nur schwer mit Leuten, deren Lebens-

mittelpunkt die detailgetreue Nachbildung von Flugzeugträgern ist und die unter „wildem Sex" einen Staffelflug von Modellflugzeugen verstehen. Aber wenn man Fußball spielen will, kann man nicht Mannschaftssport grundsätzlich ablehnen. Also hinein ins Vergnügen. Natürlich habe ich keine Ahnung von der Materie. Die Steuerung von ferngesteuerten Flugkörpern ist nichts für Ungeübte, das muss man schon lernen. Das lässt einen das Fachpersonal auch unumwunden spüren:

„Was, den Doppeldecker woin S' fliegen? Würd i net machen. Da bau'n sa si ein, so schnö kennans goa ned schaun."

„Und wenn ich einen Einfachdecker nehme? Also mit nur einem Flügel?"

„Ui. Ganz schlecht. Die san no schnölla. Da hams goa ka Chance."

„Hubschrauber vielleicht?"

Ein ernster Blick mustert mich von oben bis unten und ich erwarte etwas wie „Wissen Sie, Einhörner gibt es gar nicht wirklich" oder „Ich will Sie ja nicht enttäuschen, aber das mit dem Christkind ..."

„Hubschrauber? Schaun S': eine, zwei ... drei Achsen! Und a jede miassn S' steuern. Alles klar?"

Gar nichts ist klar, aber bevor er mir eine Gummiente für die Badewanne aufschwatzt, damit ich nur ja nichts kaputtmache, gehe ich lieber zum nächsten Stand. „Raketen Modellbau", na also. Was kann da so schwer sein. Raketen werden nicht gesteuert, die zündet man einfach an und dann fliegen sie davon. Basta. Denke ich mir zumindest.

„Rageden sind ein sehr schönes Hobby", erklärt mir der bayerische Verkäufer.

„Das glaube ich. Welche würden Sie mir denn empfehlen?"

„Kommt darauf an, wie hoch sie fliegen soll und wie lange Sie daran bauen wollen."

„Also so hoch wie möglich und bauen will ich gar nicht. Gibt's keine fertige, die man einfach so abschießen kann?"

„Da ham wir das Starterset Vortex. Da ist der Fallschirm dabei, Sie brauchen nur den Motor reinstecken und ... so eine Ragede ist ein sehr schönes Hobby."

„Fallschirm? Motor?"

„Ja, den Motor zünden Sie, und am Fallschirm kommt die Ragede wieder runter."

„Und dann?"

„Dann stecken Sie einen neuen Motor rein und lassen die Ragede noch einmal fliegen."

„Aha ..."

„So oft Sie wollen. Wenn Sie sie wiederfinden. Müssen Sie nur schauen, wo die Ragede am Fallschirm runterkommt."

„Hmmm, irgendwie fad, oder?"

„Wie man will, ich finde Rageden sind ein sehr schönes Hobby. Sie können auch eine Kamera einbauen, die filmt den Flug mit und das kann man sich nachher am PC anschauen."

„Echt? Cool. Also: Ich zünde die Rage, äh Rakete, lass sie rauffliegen, warte, bis sie runterfällt, gebe einen neuen Motor rein, lasse sie noch mal fliegen, warte, bis sie runterfällt ... *da capo al fine* ... und daheim kann ich mir am PC anschauen, wie sie raufgeflogen und wieder runtergefallen ist? Immer wieder?

„Genau. Ragede ist wirklich ein sehr schönes Hobby.“
Machen wir's kurz: Natürlich habe ich die Rakete gekauft.
Und sie ist wirklich ein sehr schönes Hobby.

D'LANDSKNECHT
PORZELLANGASSE 13

Dass eines der letzten richtigen Wiener Wirtshäuser von einem Kroaten geführt wird, entbehrt nicht einer gewissen Logik. Chop Suey wurde auch von Amerikanern erfunden. Ein stinknormaler Wirt, bei dem weder Loungemusik noch Klassik läuft, bei dem Eiernockerl als vegan durchgehen, wo kein junger Wilder kocht, und der nicht mindestens zwölfmal im Jahr in den Seitenblicken ist, weil er ja ach so bodenständig bleibt ... das ist selten – und das bedaure ich zutiefst. Gutes Zeichen: Man wird von Stammgästen sehr misstrauisch begutachtet. Familienfeiern und Ähnliches finden im Nichtraucherbereich statt, der aussieht wie aus einem Museum für angewandte Wirtshauskultur: Dunkel vertäfelt, knarrender Boden, der Maggihauch von Jahrzehnten liegt in der Luft. Außerdem gibt es einen Tisch mit eigener Schankanlage. Da kann man selbst abzapfen! Wie großartig ist das! Aufs Klo muss man trotzdem selber gehen.

Und die misstrauischen Stammgäste: Die sitzen selbstverständlich im Raucherzimmer. Das ist nicht ganz so idyllisch holzvertäfelt, aber es hängen immerhin eine Menge alter Schwarz-Weiß-Fotos an der Wand, anhand derer man erahnen kann, wie es in der Gegend im 9. Bezirk einmal ausgesehen hat. Und nein, da braucht man kein militanter „Früher war alles besser"-Verfechter sein, um das schön zu finden.

Die Stammgäste sitzen deshalb im Raucherzimmer, weil sie dort rauchen können. Und das tun Stammgäste. Andere Gäste kommen zum Essen und nicht, um soziale Kontakte zu pflegen. Darum hängt auch der Fernseher im Raucherzimmer, weil Fußballspiele in Wien als soziale Kontakte gelten. Das erste Mal habe ich aus reiner Höflichkeit ein kleines Gulasch bestellt, weil mir dir Kellnerin so von der Küche vorgeschwärmt hat – ich aber so was von keinen Hunger hatte. Seitdem bestelle ich jedes Mal ein kleines Gulasch. Aber nicht aus Höflichkeit, sondern weil es einfach so saugut ist, dass ich es essen will, auch wenn ich keinen Hunger habe.

Um den misstrauischen Stammgästen jegliche Zweifel zu zerstreuen – ich war mit einem Freund dort, und ich weiß, dass wir oft für schwul gehalten werden – hatte ich das Gespräch flugs auf meinen Ehering gelenkt und erklärt, dass meine Frau und die Kinder (!!!) mit dem Abendessen warten. Vielleicht war das vorauseilender Gehorsam und die strengen Stammgäste sind privat eh alle Dragqueens. Glaube ich aber nicht.

Wie dann mein Telefon geläutet hat, kurz nachdem ich das erste Bier bestellt habe, bin ich rausgegangen, weil das die guten Manieren gebieten. Am Weg hinaus sage ich noch schnell „bin gleich wieder da" (was soll sich sonst die Kellnerin denken, wenn sie nicht weiß, wo sie das Bier hinstellen soll). Und da hat ein strenger Stammgast gemeint „des is a gefährliche Drohung".

Ist ein kleiner, stiller Satz, aber für mich bedeutet er Großes. Er sagt alles, was ich an solchen Lokalen liebe. Und wahrscheinlich geht das nur in Wien. Man stelle sich vor, gleiches passierte in Berlin oder Paris. Hui, würde man das unfreundlich finden. Nicht so in Wien. Hier wird das als ehrlicher, guter Schmäh wahrgenommen – zumindest von mir. Auch wenn's vielleicht ernst gemeint war.

Nach dem Zahlen habe ich im Nichtraucherbereich noch ein schönes Gespräch hören dürfen.

Ältere Dame zum Kellner:

„Nemmts es Flaschen zurück?"

„Fassungsloser Blick."

„Na … obs Flaschen zurücknehmts."

„Äh …"

„Na die leeren Flaschen vom Wein, was habts."

(Anscheinend hatte der Ihrige ein Mitbringsel nach Hause gebracht.)

„Na, des net."

„Und was mach i jetzt damit?"

„Nehman S' es halt wieder mit nach Haus."

Denkpause

„Ja, des is a guade Idee. Obwohl, von dort hab i s' ja mitbracht."

„Dann wissen S' eh, wos es hinstellen kennan."

„Stimmt a eigentlich. Danke!"

SERVUS IM SERVITENVIERTEL
GESPRÄCH UNTER VIER AUGEN

Das Servitenviertel im 9. Bezirk sieht so aus, wie sich Touristen „Good Old Europe" vorstellen. Kopfsteinpflaster, alte Häuser, kleine Geschäfte, und man rechnet nächtens jederzeit damit, dass Salieri um die Ecke biegt und über Mozart flucht. Das habe ich zugegebenermaßen nicht erlebt, aber die Nähe zur Rossauer Polizeikaserne zeitigt auch Schönes:

Ein Café-Restaurant gegen 20.30 Uhr. Ein Endzwanziger aus anscheinend gutem Haus sitzt an der Bar, neben ihm ein Endvierziger aus nicht ganz so gutem Haus. Das nahende Weihnachten, Punschtrinken und Firmenfeiern führen zum großen Thema der Alkoholkontrollen durch die Polizei:

Der junge Mann: „Wenn du bewusstlos spielst, dürfen sie dir kein Blut abnehmen. Habe ich von einem Polizisten gehört."

„A geh …"

„Sicher. Du musst zustimmen, dass sie dir Blut abnehmen. Und wennst bewusstlos bist, kannst nicht zustimmen."

„Dann machert des ja jeder, wenns so leicht geht."

„Eh, es weiß nur kaum wer. Mir hat das ein Polizist erzählt."

„Des musst aber gut spielen können."

„Des schon, also antworten darfst nicht auf Fragen, sonst merkens, dassd nicht bewusstlos bist."

Die Dame hinter der Bar verdreht ungläubig die Augen und murmelt etwas wie „kann ich mir nicht vorstellen".

Der Endvierziger: Was bist du für a Landsmann?

(Sie sagt wahrscheinlich „Serbien", ich habe es nicht verstanden.)

Der Endvierziger: „Alles Verbrecher!"

Der Endzwanziger: „Wirklich? Kann man das so generell sagen?"

Der Ältere labert einen Fetzen Serbisch über die Bar und demonstriert so großes Fachwissen.

„Thailändisch kann i net. Ägyptisch a net. Türkisch geht scho."

„Das kann man so nicht sagen. ‚Verbrecher' gibts nicht."

„Oja: Tschetschenen, Georgier etc. ..."

„Ja, gut. Da vielleicht. Aber sonst ..."

„Von wo bist du?"

„Salzburg."

„Na guat, dann kennst di net aus. Owa in Wien kannst des genau so song. Tschetschenen und Georgier ist gleich Verbrecher."

„Aber Serben ..."

„Eh net olle. Owa ois Voik allgemein gesprochen."

Das sagt er wohlgemerkt einen halben Meter Luftlinie vor einer Serbin, die gütig weiterlächelt.

„Salzburg kannst net vergleichen mit Wien."

„Aber ich komm beruflich schon ziemlich herum. Obwohl ... meine Freundin hat ein Kind. Mit dem redt keiner am Spielplatz in Wien."

„Ah so, wohnst eh in Wien."

„Eh schon seit zehn Jahren."

„Ah so ..."

„In Vorarlberg schon. Da redens mit dir am Spielplatz. Obwohls dort auch nicht gscheit Deutsch lernen und vollverschleiert sind."

„Guat, Deitsch kennan die Vorarlberger söwa net. Wie oit isa denn, der Klane?"

„Acht. Und er mag voll gerne Museen."

„Museen? Muasst ihn Fußball schicken. Da lernt er was. A mit die Auslända."

„Ich hab ihn in Kung Fu geschickt. Damit er sich verteidigen kann."

„Des nutzt eam owa a nix, wenn drei Türken da stehen und sagen ,Handy her'."

„Naja, a bissl vielleicht."

„Glaubst, des bringt eam was, wann er vor die Gfraster steht und ,Aieeee' ruaft und mit die Händ umadumfuchtelt?"

„Ja, vielleicht. Er hat halt volle Trennungsängste."

„Aha …"

„Wegen der Trennung …"

„Jo, eh kloa."

„Drum ist er zu faul zum aufs Klo gehen."

„Wos? I hab glaubt, er ist so intelligent, waun er so gern in Museen geht."

„Nein, das ist eher psychisch."

„Psychisch, eh kloa. Da hamas wieder. Des hom die Verbrecher a olle plötzlich."

NEULICH IM 5A
MUTTER MIT KIND

Es ist 17.30 Uhr. Menschen fahren von der Arbeit nach Hause. Eine Mutter hat ihr Kind von seiner Arbeit, dem Kindergarten, abgeholt.

Mutter: „Bist du jetzt endlich brav?"

Kind: „Ääähhh …"

„Du sollst ordentlich reden. So reden wir nicht, haben wir gesagt!"

„Das hast du gesagt. Nicht ich."

„Setz deine Haube auf."

„Die ist so warm."

„Aber draußen ist es kalt."

„Aber jetzt simma nicht draußen und im Bus ist es urwarm."

„Du sollst nicht dauernd widersprechen."

„Du hast ja angefangen."

„Jetzt pass einmal auf: Petterson und Findus gibt es heute keinen. Das hast davon!"

„Neiiiiiiin!"

„Doch. Petterson und Findus gibt es nur für brave Kinder."

Kind rückt seine Haube zurecht.

„Ich bin eh brav."

„Jetzt ist es zu spät."

„Aber ich bin ja brav. Darf ich jetzt Petterson und Findus schauen?"

„Das werden wir sehen, wenn wir daheim sind. Das muss ich mit dem Papa besprechen. Der wird sehr böse sein."

„Glaubst wirklich, dass der Papa böse sein wird?"

„Allerdings. So wie du dich aufführst."

Kind nimmt Haube ab.

„Dann is es eh egal."

Kluges Kind.

SICHER IST SICHER
BARGESPRÄCHE

Ein namenloses Lokal im 9. Bezirk. Anwesend sind eine ca. 60-jährige Kellnerin, ein Gast an der Bar, einer am Tisch und ich. Also zwei Gäste an zwei Tischen. Es tönt „Atemlos durch die Nacht" von Helene Fischer, blaues Neonlicht erleuchtet die Theke. Der Mann am Tisch muss Burgenländer oder Steirer sein. Man weiß nicht genau, ob er Selbstgespräche führt oder Kontakt zu den zweien an der Bar sucht. Mich kann er nicht meinen, ich starre konsequent in meinen Laptop:

„Mit mir hat ka Versicherung a Freid."

Die Kellnerin rückt näher zum Mann an der Bar, simuliert Geschäftigkeit.

„Mit mir hat ka Versicherung a Freid. Ich hab immer mehr kriegt als i einzahlt hab."

Der Mann an der Bar lässt sich zu einem „Aha" hinreißen.

„Gegen Krankheit kannst di a versichern lassen."

„A geh, wirklich?"

„Musst nur zustimmen, dass die ärztliche Schweigepflicht aufgehoben ist. Hob i unterschrieben und a moi im Monat brauchst die Bestätigung vom Oazt."

„Aha …"

„Und dann hams zoit. Zehntausend hab i aussekriegt. Guat, lieba war ma gwesen, i warad gsund gwesen, aber die Zehntausend hams zoit. Is so."

Die Kellnerin setzt sich an einen Tisch, nimmt sich einen Stapel Zeitungen vor und zündet sich eine Zigarette an. Der Südösterreicher wechselt einen Tisch weiter ins Lokalinnere. „I setz mi wo hin, wo der Rauch net so stoak is. I bin an der Lunge operiert worden. Auf beide Lungen, seitdem spia i's."

Das ist insofern bemerkenswert, als dass wir uns in einem deklarierten Raucherlokal befinden.

Die Kellnerin: „Musst du gehen in Lokal, wo nicht Raucherlokal."

Er steht auf, geht ins Freie. Dabei lässt er demonstrativ die Tür offen, damit es kalt reinkommt. Sollen alle ruhig merken, was sie davon haben, wenn sie rauchen. Er kommt aber gleich wieder rein. Ende November ist es auch ihm zu kühl vor dem Lokal.

Die Kellnerin steht auf, schließt die Tür hinter ihm.

Er: „Arbeitest a net? Nur umadumsitzen? I oabeit scho lang nimmer. Hat ma da Oazt bestätigt."

Die Kellnerin: „Ich gebe nur Konzession her, helfe am Wochenende. Meine Kinder muss arbeiten."

Er: „Du musst sagen: Die Kinder MÜSSEN arbeiten, nicht MUSS." *Zum anderen Gast an der Bar:* „Sie spricht e guat. Relativ. Owa des muass ma sagen, wanns was foisch sogt. Meine Kinder müssen! Nicht muss, vastehst? Die Leit reden mit die Auslända imma wie mit Babies, drum lernans es ned."

Schweigen. Ein älterer Herr betritt das Geschehen. An der Leine eine Promenadenmischung in Taschengröße.

„Bitte an Spritzer fia an oidn Gspritztn!"

Das Getränk wird gereicht und auch der Gspritzte spricht mit sich selbst, hat aber berechtigte Hoffnung, von den Anwesenden gehört zu werden.

„I woa jetzt operieren. Muas song: Im Spital war des Essen ned schlecht. Wirklich ned schlecht."

Der Burgenländer: „Im Wilhelminen war des dann ned. I bin duat operiert worn. War ned zum dafressn."

„Na, bei mia wars wirklich ned schlecht. Muass i song. Owa i bin privat glegen."

„Na guad. Des is eh kloa. Waun ma privat liegt … eh kloa. Owa in die andern Spitäler … des is a Schlangenfraß. Ned zum fressn."

„I bin privat glegn. 'S Essen woa do ned schlecht. Und 's andere a ned. Owa i lieg privat. Die Versicherung geb i nimmer her."

„I bin a versichert gegen Krankheit …"

Der Gspritzte leert zügig selbigen, zahlt und verlässt das Lokal. Der Burgenländer startet einen letzten Versuch in den leeren Raum:

„Mit mia hat ka Versicherung a Freid. I hab jeden Schillig, was i einezoit hob, aussekriegt."

Schweigen.

Er verlässt das Lokal, die Kellnerin schließt die Tür hinter ihm. Die Kellnerin setzt sich wieder zu ihrem Stapel Zeitungen, blickt zum Mann an der Bar.

„Er war Kiberer im 8., aber dann hat Probleme bekommen mit Venen. Und er redet zu viel."

Mann an der Bar: „Jo, er redt sehr vü."

LAUTSPRECHER

DIE KRITIKER IM INTERNET

Ich wollte ein Radio kaufen. Nein, ich wollte irgendetwas kaufen, das Musik in der Küche macht. Aber die Musik, die ich will. Damit fiel Radio aus. Also einen Lautsprecher (oder zwei, Stereo ist in), der das abspielt, was ich per Handy oder Computer begehre.

Auf der Suche nach der richtigen Ware hatte ich so meinen Spaß auf YouTube:

Was genau bewegt Menschen, eine Lautsprecherbox zu kaufen, nur um sich selbst dabei zu filmen, wie man sie auspackt? Und dann in die Kamera zu erzählen, dass die Box recht gut sei und dies und jenes könne, aber im Vergleich zu xy … blabla … Warum tun andere Menschen das? Damit Menschen wie ich sich das ansehen können. Faszinierend, was man alles tut, um einmal im Mittelpunkt zu stehen. Ok, ich packe jetzt ein Küchenradio aus, erzähle darüber, filme mich dabei und warte, bis Clemens Haipl mir zusieht. Weil dann habe ich vier Minuten seiner ungeteilten Aufmerksamkeit. Und das funktioniert!

„Die Boombox kommt in Klarsichtfolie eingeschweißt … dabei ist ein Mini-USB-Kabel, das ihr zum Laden benötigt … das Gehäuse ist aus einem Gummi, der wertig wirkt …"

Und dann schließt der mir Unbekannte die Box an die Stereoanlage und versucht zu demonstrieren, wie gut sie klingt, indem er das Ganze mit seinem Handy (!) abfilmt. Genauso gut könnte man eine Hochseeyacht in einem Planschbecken testen.

Und das ist noch gar nichts gegen die Kundenkommentare auf amazon.de. Das Objekt meiner Begierde war in dem Fall ein Ultraschall-Mäusevertreiber. Im Gartenhaus sind Mäuse im Herbst eine veritable Plage, da sie keinen Unterschied zwischen Lebensmitteln und Gebrauchsgegenständen machen und alles anknabbern, was weicher ist als Titan. Zur Demütigung der Hausherren hinterlassen sie dann auch noch Mäusekacka. Ich weiß nicht, wie man das eleganter umschreiben soll, tut leid. Herkömmliche Mausefallen sind mir zu brutal, darum versuchte ich es mit Hightech aus dem Internet.

Jedenfalls:

User 1:

„Am Anfang wirkte der Ultraschall-Mäusevertreiber ganz gut. Zu Testzwecken legte ich mich aber auf die Lauer und siehe da: Die Maus saß direkt neben dem Gerät und knabberte frech an der Schokolade. In meinen Augen unbrauchbar, darum nur ein Stern."

User 2:

„Wenn man empfindliche Ohren hat, hört man den Ultraschall als leider sehr lästiges Summen. Ob das Gerät funktioniert, kann ich nicht sagen, da wir schon seit längerem keine Mäuse haben."

„Lieferung war wie immer problemlos, Verpackung in Ordnung, alle Kabel dabei, ob das Gerät funktioniert, weiß ich nicht, da ich es noch nicht getestet habe."

„Vom Dachboden kamen schon länger störende Geräusche. Seit wir den Ultraschall-Vertreiber aufgestellt haben, ist Ruhe. Und wir können endlich wieder in Ruhe fernsehen."

Ich persönlich bin noch in der Testphase.

GROSSES RITTERFEST
LAXENBURG

„Scheiß Hund!" (Der nette Mensch, der das viel zu laut murmelt, bin ich.)

„Dafür ist er viel zu intelligent, um auf so einen Proleten zu antworten." (Das ist die Hundebesitzerin vor mir. Sie hat gute Ohren.)

Ich stehe im Publikumsbereich eines Ritterturniers, habe ein Kleinkind am Arm und versuche es so hochzuhalten, dass es auch etwas sieht. Das tun neben mir ca. 20 andere Elternteile mit ihrem Nachwuchs. Ritterturniere gelten heutzutage eher als Kinderattraktion denn als Treffen des Hochadels. Genau vor mir steht niederer Adel. Aber eben sehr hellhörig und stolze Besitzerin eines Hundes. Sie unterhält sich mit ihrer Freundin über die aktuelle Wetterentwicklung und hält es für eine gute Idee, ihren Hund so vor der Abzäunung liegen zu lassen, dass sieben Kinder nicht nahe genug herankommen, um etwas vom Ritterturnier zu sehen (sollen es acht Kinder sein, ich zähle keine Kinder, außer meine eigenen). Beim Versuch, vorsichtig an den Wetterhexen und ihrem Zerberus vorbeizuschleichen, hat selbiger meinen noch nicht schulpflichtigen Sohn so angeknurrt, dass er die Ritter, auf die er sich seit drei Monaten freut, doch nicht mehr so dringend sehen möchte.

Wo bin ich und was ist passiert?

Es sind Ferien, es hat wochenlang geschüttet und den Kindern ist fad. Also fahren wir zum Ritterfest nach Laxenburg. Man ahnt ja nicht, bei wie vielen Menschen es wochenlang geschüttet hat und wie vielen Kindern fad ist, bis man es mit eigenen Augen sieht beziehungsweise nichts sieht, weil der Parkplatz voll ist. Der andere auch, und der dritte sowieso. Irgendwo Richtung pannonischer Tiefebene habe ich die Karre abstellen können und mich samt Buggy in den Kinderkreuzzug Richtung Schlosspark Laxenburg eingereiht. Da waren überraschenderweise auch viele Erwachsene dabei, die keine erkennbaren Kinder bei sich hatten. Im Nachhinein stelle ich die Frage in den Raum: Warum? Warum geht ein erwachsener Mensch zu einem Ritterfest, ohne die Notwendigkeit, kleine Kinder glücklich zu machen? Gehen diese Leute auch auf Hello-Kitty-Festivals, haben sie Jahresabos beim Ringelspiel, rufen sie sich privat „Barbie" und „Ken"? Ich weiß es wieder einmal nicht. Ich will mir nicht vorstellen, wie sie sich vermehren, aber ich bin froh, dass sie es nicht tun.

Egal: Der Schlosspark in Laxenburg ist ja wirklich super, kann man gar nichts sagen. Ist auch nicht für uns normale Menschen gemacht worden, sondern für Kaiser und Co. Sonst würde er nämlich aussehen wie das WIG-Gelände in Wien oder wie die neue Mariahilfer Straße und nicht wie ein Schlosspark.

Am Turnierplatz angekommen, nehme ich leicht verstört Menschen zur Kenntnis, die Lederoberteile tragen. Auffällige Gürtelschnallen, seltsam geflochtene Frisuren. Männer wohlgemerkt. Frauen tragen wallende Kleider, wirken sehr blass und entrückt. Ich muss zugeben: Ich traue ihnen zu, dass sie sich für Burgfräuleins halten. Kurz hinter dem Eingang ein Verkaufsstand für Holzschwerter. Bingo! So was mag ich! Nicht so meine Frau, die mich rein rhetorisch fragt, ob ich wo dagegengerannt bin. Ein Holzschwert in den Händen unserer Söhne! Warum nicht gleich eine automatische Schusswaffe? „Kannst du dir vorstellen, Clemens, was die damit aufführen? Die hauen sich die Schädel ein! Aber hemmungslos und mit steigender Begeisterung."

„Ok, stimmt. Habe ich vergessen, sorry."

Gleich danach steht ein Zelt mit einem jungen Mann in Kettenhemd. Um ihn herum drapiert sind Schwerter, Lanzen, Pfeilspitzen, Helme etc. ... Augenscheinlich will er sie nicht verkaufen, sondern nur erklären, was was ist. Allzu viele Leute dürfte das aber nicht interessieren. Mich zumindest ein bisschen. Und so bin ich ein dankbares Opfer, denn er lässt nicht von mir ab.

„Das ist eine panzersprengende Pfeilspitze!"

„Aha."

„Die konzentriert die ganze Energie auf einen Punkt." (Er zeigt ihn mir. Der eine Punkt ist die Spitze der Pfeilspitze.)

„Na bumm."

„Und das ist eine Spitze für Brandpfeile."

„Davon kann man nie genug haben."

„Hier stecken Sie das brennende Material rein und dann schießen Sie den Pfeil ab."

„Genau. So habe ich mir das eh vorgestellt. Was ist denn das da." (Ich entdecke eine Pfeilspitze in Form eines Halbmondes. Habe ich noch nie gesehen.)

„Ha! Damit stoppen S' jedes Pferd."

„Da schau her."

„Es geht oft gar nicht darum, den Feind zu treffen. Meist ist es gescheiter, das Pferd zu stoppen, dann ist er auch aufgeschmissen."

„Im wahrsten Sinne des Wortes, oder?"

„Ja, haha."

„Haha, ja."

„Wenn diese Spitze in Sichelform auf die Sehnen von an Pferd trifft, rennts nimmer weit."

„Aua, tut sicher weh."

„Eh, aber im Krieg muss man das in Kauf nehmen."

„Ja, war a andere Zeit."

„Diese Spitze hier wurde extra gemacht für Kettenhemden."

„Ha...hallo?"

„Ja ... gleich ..."

„Widerhaken. Sengans?"

„Aha...tschuldigung, ja Schatz?"

„Des verfangt sich und dann ... ha!"

„Ok ... also ... danke, wir müssen jetzt weiter."

„Das ist ein Bihänder. Damit spalt ich Ihnen jeden Helm wie nix."

„Das glaub ich. Wir müssen nur weiter."

„Und die Kettenhemden. Da gibts genietete und gelötete. Wir habens genietet. War billiger und schneller, aber historisch richtig solltens gelötet sein ... Hallo? Wollen S' vielleicht eine Visitkarte?"

Da sind wir zumindest so weit weg, dass er mich mit dem Bihänder nicht voll treffen könnte. Er ist wirklich nett.

Richtig sympathisch in seiner Begeisterung, aber wir suchen eher so was wie Ritterkämpfe, wo Lanzen gegen Schilder krachen, die Reiter vom Pferd fliegen, Action halt. Was soll man Kindern sonst bieten, die davon ausgehen, dass sich alle Mittelklassewagen in Laser spuckende Roboter verwandeln können, bloß weil das die Transformers auch können?

Also: Pferde, harter Kampf und nachher Popcorn oder Zuckerwatte. Mehr will ich gar nicht.

Zum harten Kampf:

Ein mit Schweigegelübde zu belegender Moderator brabbelt über eine übersteuerte Tonanlage und macht halt das, was er für gute Unterhaltung für die Massen hält. Dazu gehört sein stets wiederkehrendes „heftiges Händegeklapper". Das soll wahrscheinlich mittelalterlich wirken und zum Applaus animieren. Nach dem vierzehnten Mal versteht man, warum im Mittelalter das Abschneiden der Zunge gesellschaftlich anerkannt war.

Im Hintergrund wabert eine „Best of Ritterfilme – die Soundtracks" und der Moderator verkündet, dass jetzt der blaue Ritter einreiten wird, um hernach dem weißen Ritter das Fürchten zu lehren.

„Heftiges Händegeklapper."

Bitte!

Der erste Gag für die ganze Familie: Der weiße Ritter will sein Visier nicht hochklappen. Weil: Er ist eigentlich ein Mädchen. Also eine Frau. Das ist schon ein bisschen verrückt, ja gewagt. Aber auch ein Zugeständnis an die heutige Zeit. Also gelungene, rundum gegenderte Adaption der früheren Turniere für die Gegenwart. Die Kinder sollen ja auch was für das praktische Leben lernen.

Könnt ihr jetzt endlich auf die Pferde hüpfen, losreiten und euch die Goschen einhauen? Darf ja alles nicht wahr sein.

„Heftiges Händegeklapper."

Und jetzt reiten diese beiden Reitschüler in Kostüm tatsächlich los und stechen mit ihren Lanzen Ringe von einer bereitgestellten Stange. Sie reißen Fahnen von einer Latte und lassen hernach zählen, wer mehr erwischt hat.

Vielleicht haben sie auch blinde Kuh gespielt oder Topfklopfen zu Pferd versucht, das habe ich nicht so genau mitbekommen, weil dann das eingangs erwähnte Problem in Form einer Hundebesitzerin aufgetreten ist.

„Entschuldigung, dürfen die Kinder ... die sehen sonst nix."

„Der Hund deaf genauso da sein wie alle anderen."

„Eh, aber ich glaub, die Kinder interessieren sich mehr für Ritter als es ihr Hund tut."

„Kinder UND Hunde freier Eintritt. Steht draußen."

„Eh, aber die Kinder wollen zuschauen, der Hund nicht."

„Woher woin Sie des wissen? Kennen S' mein Hund?"

„Nein, aber das ist schon eher ein Fest für Kinder. Und der Hund liegt da und knurrt. Ein Hund, der sich für das Mittelalter interessiert ... ich weiß nicht."

„Wer sagt des? Der deaf genauso da sein."

„Natürlich darf er. Aber vielleicht mag er inzwischen lieber im Gebüsch oder auf der Wiese rumlaufen, solange die Ritter da rumreiten. Hier stehen so viele Menschen, das taugt ihm sicher nicht. Und die Kinder sehen auch nix, wenn Sie den Platz da verstellen, und ..."

„Der Fuß von ihrem Kind is a dauernd bei mir am Rücken ankommen, da hab ich auch nix gesagt."

Jetzt mischt sich ihre Freundin ein.

Rein inhaltlich hat sie Recht. Wenn pro Quadratmeter vier Menschen stehen und dabei Kinder auf den Schultern sitzen, kann es vorkommen, dass die Schuhspitze eines 2-Jährigen die Funktionswäsche der Vorderfrau tangiert. Ist mir eh peinlich, aber was soll ich tun? Und warum muss man da rumstehen mit Hund, sich augenscheinlich keinen Funken für die blöden Ritter interessieren und allen anderen den Platz verstellen? Ich lege mich ja auch nicht bei AC/DC mit Liegematte in die erste Reihe und keife alle anderen weg, weil ich mich sonnen möchte.

Da ist dann mein „scheiß Hund" gefallen.

Bitte um Verzeihung. Hund sagt man nicht.

PS: Am Weg nach Hause habe ich ein Strafmandat wegen zu schnellen Fahrens bekommen. Damit alle Hundefans auch zufrieden sind.

DIESES HANDY IST TOT
HANDYSHOP PRATERSTRASSE

Mein Telefon hat nicht getan, wofür es vorgesehen ist. E-Mail, Facebook, SMS, Eieruhr ... alles so weit zur vollsten Zufriedenheit. Ab und an habe ich aber auch das Bedürfnis, das Telefon zum Telefonieren zu verwenden. Jetzt war es so, dass ich zwar die Anrufer klar und deutlich hören konnte, sie aber mich nicht. Das ist schlecht, denn diese technische Anordnung lässt nur sehr einseitige Gespräche zu.

Im Appleshop hat man mir angeboten, das Gerät einzuschicken, wofür Apple pauschal 200 Euro verrechnet. Soviel kostet das, wenn die Leute von der Cupertino Farm nur einen Blick auf eines ihrer Produkte werfen. Wenn sie es dann nicht reparieren können hat man Pech gehabt. Das ist aber schon recht viel Kohle und auch ziemlich riskant, wie ich finde. „Unter uns, und das machen die Mitarbeiter des Appleshops auch selber: Ums Eck in der Praterstraße gibt es einen Handytandler, der macht das um allerhöchstens die Hälfte", erfahre ich und bin schon bei selbigem vorstellig. Ich erkläre den Sachverhalt und der Techniker, ein Mann mit sagenhaft schlechten Zähnen, meint, ich solle in zwei Stunden wiederkommen, dann sei der Patient geheilt und könne wieder nach Hause in den Kreis der Angehörigen.

Zwei Stunden später. Der Mann mit den schlechten Zähnen

demonstriert mir: Das Handy funktioniert wieder. Wie schön, ich bin glücklich, zahle vergleichsweise läppische 100 Euro und gehe von dannen.

Am Heimweg will ich daheim anrufen und stolz vermelden, dass ich wieder in der Gemeinschaft der mobil Erreichbaren bin.

„Hallo?"

„Hallo? Ich bin's, mein Handy funktioniert wieder. Super, oder?"

„Clemi? Hallo? Hörst du mich?"

„Ja, hat nur einen Hunderter gekostet und jetzt hören mich die Leute wieder."

„Hallo? Clemi? Ich hör dich nicht. *(Beiseite)* Wahrscheinlich hat er unabsichtlich Wiederwahl gedrückt oder so."

„Tut tuuuuut. Aufgelegt."

Ich betätige die Wiederwahl:

„Hallo, ich bin's. Mein Handy geht wieder. Super, oder?"

„Clemi? Ich hör dich nicht. Bist du dran?"

„Hallo?"

„…"

Scheiße.

Ich gehe also zurück zum Hort der mangelnden Zahnhygiene.

„Ich glaube, es geht doch nicht."

„Lasst du da. Gerade viel los. Rufst du an in zwei Stunde. Oder vier, dann ich kann sagen, ob fertig."

Das mit dem anrufen ist eine originelle Idee. Ich habe nämlich kein Telefon, wenn ich es im Shop lasse. Ist das soweit nachvollziehbar oder bin ich nur ein schwieriger Neurotiker?

Egal, ich bin flexibel und rufe nach ein paar Stunden vom Handy meiner Frau aus an.

„Guten Tag" (Das gewohnte „Grüß Gott" verkneife ich mir in solchen Fällen, ich will keine religiösen Gefühle verletzen.) „Ich rufe an wegen dem iPhone ..."

„Ja, is gut. Kommst du, schaust du."

„Super, danke vielmals. Bis gleich."

„20 Minuten später bin ich vor Ort."

„Schaust du." (Er kramt aus einem Haufen elektronischer Bauteile eine Platine hervor.)

„Was? Das ist mein Handy?"

„Nein, nein. Schaust du: Platine ... äh ... (Er macht mit den Händen eine Bewegung, wie wenn er einen Ast brechen würde.)

„Gebrochen?"

„Nein ... Platine bisschen brechen."

„Puh, würde ich nicht."

„Platine ..." (Seine Hände beschreiben das Zerbrechen eines Zahnstochers.)

„Leicht gebrochen?"

(Die Hände wiegeln ab.)

„Angeknackst?"

„Ja."

Ok, ich komme in die nächste Runde von Activity. Was mache ich mit dieser Information?

„Nimmst du Daumen und druckst du."

(Er nimmt mein Handy, drückt seinen Daumen gegen die Hinterseite, als wollte er ihm ein Wimmerl ausdrücken.)

„So!"

Okay… mein Handy funktioniert also, wenn ich den Daumen dagegenpresse. Ist in Ordnung für mich, damit kann ich leben.

Ich ziehe von dannen und tatsächlich: In den nächsten Tagen bin ich zwar sehr unentspannt beim Telefonieren und der rechte Daumen schmerzt, aber es funktioniert. Zumindest manchmal. Ehrlich gesagt: Meistens funktioniert es nicht. Aber wenn ich zufällig die richtige Stelle des iPhones erwische und fest dagegendrücke, hört der Gesprächspartner tatsächlich Fragmente dessen, was ich sage.

Einige sehr schwierige Telefonate später beschließe ich, dass es mir für Notfälle einfach zu riskant ist, mit zehnprozentiger Wahrscheinlichkeit die richtige Stelle am Telefon zu erwischen.

Ich kehre zum Handymann zurück.

„Guten Tag, das mit dem Daumen funktioniert nicht. Können Sie vielleicht nochmal schauen?"

Der Techniker ist mir mittlerweile ans Herz gewachsen. Darum interpretiere ich seine Reaktion vielleicht ein wenig subjektiv: Er wirkt sehr leidend und besorgt.

„Kann machen. Aber nicht wissen, ob gut."

„Haha, da haben wir zwei was gemeinsam."

„Ist möglich tauschen …" (Er kramt in seinem Sammelsurium technischer Leichenteile, zieht ein winziges Teil mit ein paar Drähten hervor und präsentiert es mir mit fragender Miene.) Aber: „Wenn nix gut, dann alles." (Seine Hände beschrieben Tod und Verwesung.)

„Okay … ist auch schon wursch. So wie es jetzt ist, also Daumendrücken … bringt ja auch nichts."

„Du sagst. Du Chef."

„Okay. Probieren Sie's bitte."

„Kann machen. Aber wenn nicht ok, dann alles kaputt."

Das ist wenigstens eine klare Ansage. Sehr selten, aber doch bin ich ein Mann von Entscheidungskraft und Verantwortung. In diesem Fall der Julius Cäsar der Telekommunikation.

„Okay. Machen Sie's."

„Du sagst. Ich rufe an, wenn fertig."

Ich atme bedeutungsschwanger durch und ziehe von dannen mit dem Gefühl, zumindest den Rubicon überschritten zu haben.

Eine Woche vergeht.

Zwei Wochen vergehen.

Ich rufe an.

„Hallo, hier Haipl. Haben Sie mein Telefon schon repariert?"

„Noch nicht … äh … Teil nicht zu Hause. Muss bestellen."

„Okay, rufen Sie mich an, wenn Sie's haben und eingebaut haben?"

„Natürlich. Rufe an."

„Danke. Wiederhören."

Eine Woche vergeht.

Zwei Wochen vergehen.

Ich rufe an.

„Hallo, hier Haipl. Haben Sie mein Telefon schon repariert?"

„Kein Problem. Mache sofort. Ein, zwei andere Handy, dann deines."

„Okay, rufen S' mich halt an, bitte."
„Natürlich. Rufe an."
„Danke. Wiederhören."
Eine Woche vergeht.
Zwei Wochen vergehen
Drei Wochen vergehen.
Ich rufe an.
„Hallo, ich wollte nur fragen wegen meinem Handy …"
„Ja, kenne. Natürlich. Rufst du an in einer Woche, dann …"
„Okay, aber diesmal wirklich? Bitte!"
„Natürlich. Du Freund. Wenn nicht funktioniert, nix zahlen extra."

Jetzt bin ich emotional involviert. Ich habe zwar einen Hunderter für nichts bezahlt, aber er hat „Freund" gesagt.

Eine Woche vergeht.

Zwei Wochen vergehen … egal: Irgendwann komme ich persönlich vorbei. Wohne ja nicht so weit weg.

„Grüß Gott *(ist mir jetzt egal, kann ja auch Allah sein)*. Wie geht's denn meinem Handy?"

Mein neuer Freund verzieht den Mund, sieht auf und bereitet sich und mich auf die schlechte Nachricht vor.

„Ist nicht möglich. Ist Telefon kaputt. Aber Rest super. Alles ok."

Naja, das ist ja schon mal was. Ich kann immerhin weiterhin Internet surfen, e-mailen, spielen … nur halt nicht telefonieren. Egal, ich gebe das iPhone den Kindern. Die schauen eh so gerne YouTube-Videos auf Handys.

Er zieht ein Plastiksackerl mit ein paar ärmlich aussehenden Bauteilen aus der Schublade.

„Bitte. Tut leid, aber du gesagt. Du Chef."

Äh, das ist also mein Handy.

„Können Sie's bitte noch zusammenschrauben? Dann kann ich es wenigstens meinen Kindern zum Spielen geben."

„Bitte. Ich ruf an wenn fertig."

„Super. Danke!"

In den folgenden Wochen kommt ein neues iPhone heraus, das ich natürlich sofort kaufe. Ich kann also tatsächlich wieder telefonieren. Rein aus Prinzip hätte ich aber jetzt schon gerne mein altes iPhone wieder, das alles kann, außer telefonieren, und wofür ich hundert Euro bezahlt habe.

„Hallooooo. Haben Sie's schon zusammengeschraubt?"

„Ist viel los. Kann nicht Mikrofon einbauen heute."

„Wie bitte? Wurscht. Ja. Eh. Macht nichts. Einfach alle Teile reinstopfen und zuschrauben. Bitte."

Ich will das Telefon daheim haben. Auch, um mit der Trauer abschließen zu können. Quasi die sterblichen Überreste überreicht bekommen. Den Rest erledigen analog zu den Flammen des Krematoriums meine Kinder.

Was soll ich sagen. Als ich schon fast vergessen hatte, dass ich ein altes iPhone besitze, kam tatsächlich der Anruf. Ich holte ein äußerlich tadelloses iPhone ab, seitdem liegt es sehr friedlich in einer Schreibtischlade.

Ich bin später trotzdem nochmal zum Handytandler gegangen und habe einen Silikonschutz für mein neues Telefon gekauft. In dem Moment, in dem ich sagte, dass das alles ist … dass ich nur ein Gummiteil will, nichts reparieren lassen … da hat der Mann mit den schlechten Zähnen sehr erleichtert gewirkt. Ich wollte ihn nicht überfordern, schließlich sind wir ja Freunde.

AUFGEBLASEN

Der Bub hat sich zum dritten Geburtstag einen „roten Luftballon" gewünscht (neben Piratenboot, Auto, Flugzeug,
Ferienvilla und ein paar anderen Kleinigkeiten) – aber einen,
der fliegt. Also einen Gasballon. Aber bitte, bei Minderjähri-
gen bin ich tolerant, was die Wortwahl anbelangt. Er hatte
ein Bilderbuch, in dem das Objekt der Begierde recht deutlich zu sehen war: rund, rot, fliegend. Aus. Basta.
Wo bekommt man Ende Oktober einen einzelnen roten
Gasballon? Es gibt Firmen, die Hochzeiten und Feiern mit
Hundertschaften von Luftballons beliefern, weiß ich. Ich
brauchte aber einen einzelnen. In Rot und fliegend. Also bin
ich zum Witte auf der Wienzeile und habe mein Anliegen
dargebracht.
„An roten Ballon? In Rund?"
„Ja, genau!"
„So a Schweindl hätt ma, des is halbwegs rund. Aber rosa. So
san die Schweindln bei uns."
„Ein Schwein ist aber kein roter Luftballon, hätte ich gesagt."
„Kommt drauf an …"
„Kommt auf was an? Es ist nicht rot. Und vom Runden her
… ist es nicht rund genug, wissen Sie, was ich meine? Ich
meine, wenn es, sagen wir, die Form von einem Ei hätte und
dafür rot wäre, dann würde ich nichts sagen, aber so."

„A rotes Ei ist aber ka Sau. Oiso ka Schweindl. Des wird so nie funktionieren."

„Da haben Sie recht. Was gibt's denn noch, was so in Richtung roter Ballon gehen könnte?"

Es wird eine gigantische Lade geöffnet. Darin liegen – noch unaufgeblasen – Tiere, Monster, Schriftzüge … alles aufblasbar, aber kein einfacher, runder Ballon.

„Des Einhorn is aa liab."

„Ist es rund?"

„Net wirklich, muass i sagen."

„Rot wahrscheinlich auch nicht, oder?"

„Na, eher so … rosa aa, eigentlich. Und süwa."

„Nein, das geht dann nicht. Kann man die Ballons eigentlich selber aufblasen? Also befüllen?"

„Wann S' unbedingt woin scho – aber wia machen's aa."

„Das ist gut, ich habe nämlich keine Gasflasche daheim."

„Wir ham eine (deutet hinter die Theke auf ein bedrohliches Geschoss von einer Gasflasche). Mit dera blos i eana an Zeppelin auf."

„Haha, danke. Wird nicht notwendig sein. Ist für ein kleines Kind."

„Batman und Spiderman hamma aa zan aufblasen."

„Beim Spiderman ist doch recht viel Rot dabei, oder?"

„Mir scheint … ja. Und des Spinnennetz, drum haasst er ja so."

„Ach so, darum!"

„Jo. Spiderman haasst Spinnenmann. Auf Englisch. De kumman olle aus Ameriga. Da Batman aaa, und der Superman und wie s' olle haassn."

„Aber rund ist er auch nicht. Also als Ballon, meine ich."

„Na. Rund is der net. Is ja a Supahöd."

„Schade. Von der Farbe her wäre er ideal."

„Im Frühjahr krieg ma wieder neiche. Da kennt ma rote Ballons bestellen, wenn's welche gibt. Waass i net."

„Nein, das ist blöd. Der Bub hat morgen Geburtstag. In einem halben Jahr mag er sicher was anderes. Kleine Kinder ändern dauernd ihren Geschmack."

„Jo, das glaub i … bei der Kuh … die is braun gescheckt. Aber das Euter ist rosa."

„Auch nicht rot und rund in dem Sinn."

„Na eh net. Aber liab. Schaun s' …" (Packt etwas aus, das wie Frischhalte-Einkaufsackerln aus Alu aussieht.) Da san die Hörner, der Körper, es Euter …"

Ich muss zugeben: eine tadellose Kuh, und wenn sie mit Gas befüllt wird, wird sie fliegen wie ein Einser.

„Glauben Sie, gefällt die einem Dreijährigen?"

„Miassns söwa wissen."

Ich entsinne mich, dass eine seiner Lieblingsserien „Mama Muh" ist. Eine sagenhaft saublöde klugscheißerische Kuh, die alles tut, was Kühe eigentlich nicht tun: Fahrrad fahren, Baumhaus bauen etc. … vermutlich der völlig missglückte Versuch einer ehemaligen Soziologiestudentin, die bei einem Verlag gelandet ist, Kindern eine politisch korrekte Geschichte reinzudrücken und daran zu erinnern, dass Geschlechterrollen und Herkunft keine Rolle spielen … und jeder alles kann, was er/sie will, blabla … Egal, mein Sohn mag sie. Also mag er wahrscheinlich Kühe.

„Ok, ich nehme sie. Können Sie sie mir bitte aufblasen? Mit

Gas und so, meine ich?"

„Gerne. Außerdem?"

„Ist alles, danke."

Fünf Minuten später sitze ich mit einem befreundeten Pärchen in einem Lokal an der Wienzeile. Draußen ist es kalt, wir trinken Glühwein und bei der Garderobe schwebt eine fliegende Kuh (ca. 100 mal 50 Zentimeter, um die Ausmaße vor Augen zu führen), die mit einem gekonnten Anglerknoten festgebunden ist.

„Aufpassen, bitte!", entweicht es mir im Minutentakt, wenn jemand mit Zigarette daran vorbeigeht. Es ist eine wunderschöne fliegende Kuh und ich will nicht, dass sie zu Schaden kommt.

„Super Kuh", pflichtet mir mein Freund bei, „was hat sich der Bub denn noch gewünscht?"

Ich zähle das übliche Inventar von Toys r Us auf …

„… und einen roten Luftballon … scheiße, die ist nicht rot und rund, oder?"

„Nein, kann man nicht sagen."

„Shit, ich brauche einen roten runden Ballon, der fliegt."

„Die Kuh ist doch eh a Wahnsinn. Ich würd mich freuen über so eine Kuh."

„Du bist aber nicht mein Sohn."

„Gott sei Dank."

„Haha, lustig. Du, ich muss los. Kannst für mich zahlen?" (Ich lasse Geld am Tisch liegen, verabschiede mich hastig, knote die Kuh los und stürme mit ihr auf die Straße.)

So, was mache ich jetzt? Mit meiner fliegenden Kuh irre ich auf der Wienzeile in einer Mischung aus Scham und Stolz umher. Eigentlich finde ich die fliegende Kuh wirklich super, aber mir ist bewusst, dass man als Mitte 40-jähriger Mann fliegende Kühe nicht super finden sollte.

Die rettende Idee: Ab in die U1 und zum Prater. Im Prater muss es Ballons geben. Dort gibt es eigentlich hauptsächlich Ballons, denke ich mir. Neben Langos, Zuckerwatte und Popcorn.

Im Freien wird aber um diese Jahreszeit gar nichts mehr verkauft, weil es zu kalt ist, also schaue ich zum Geschäft beim Riesenrad. Da habe ich Ballons im Schaufenster gesehen. Das gleiche Drama nochmal: Tiere, Sprüche, aber keine stinknormalen runden Ballons. Und schon gar nicht in Rot. Ha! Aber es gibt fliegende Herzen. Ich bin zwar in meinen Buben verliebt, aber es ist nicht Valentinstag, sondern Geburtstag. Hmm, das fliegende Herz ist zumindest rot und irgendwie rund. Es hat sogar zwei Rundungen und wenn man es umdreht, kann man es zur Not auch als Popo durchgehen lassen. Das findet der Junior sicher lustig – er hat meine Gene.

Ich gehe also mit einer fliegenden Kuh und einem fliegenden Herzen Richtung heimatlicher Wohnung. Am Weg aber überkommt mich wieder so etwas wie ein schlechtes Gewissen. Ein Herz und eine Kuh sind kein roter Ballon. Kommt beides irgendwie hin, aber nicht ganz.

Also gehe ich noch zum Libro. Die haben doch auch so Partyzubehör, glaube ich. Ich möchte nicht im Detail wissen, wie blöd ich ausgesehen habe, als ich mit Kuh und Herz vor den Regalen gestanden bin und angestrengt gesucht habe. Letztlich habe ich auch nicht mehr gefunden als aufblasbare Herzen. Allerdings mit Atemluft aufzublasende und an einem Plastikstab, nicht an einer Schnur. Auch nicht schlecht. Nehme ich. In der Dreierpackung.

Der Bub hat also am nächsten Tag neben den „richtigen" Geschenken bekommen: eine fliegende Kuh, ein großes fliegendes Herz, drei kleine, nicht fliegende Herzen. Aber keinen roten runden Ballon.

Ich glaube, er hat sich trotzdem gefreut. Und wenn er mich später einmal nicht im Rollstuhl herumschieben will, erinnere ich ihn daran.

ICH FAHRE MIT DEM AUTO

CAFÉ RESTAURANT AUGARTEN

Das Café Restaurant Augarten ist ein Café-Restaurant im Augarten. In einem wunderbaren Barockgarten gelegen, kann man sich dort sehr mondän fühlen und so tun, als sitze man vor seinem englischen Landsitz, neben dem der Rolls Royce geparkt ist. Und das um ein paar Euro, die eben eine Melange oder ein Café Latte kostet. Wirklich genießen kann man dieses wirklich sehr nette Lokal aber nur, wenn man die Vorgeschichte kennt:

Vor einigen Jahren kursierte die Meldung „Autos raus aus dem Augarten" durch die Bezirksblätter (also … eigentlich nur durch eines und das nur ein Mal) und das Internet (also … eigentlich nur zwei Blogeinträge).

Jedenfalls empörten sich daraufhin einige Menschen (genau genommen der Blogger und ein paar seiner Freunde) sehr darüber, dass Autos in einem Park nichts verloren hätten, Kinder gefährden würden und überhaupt. Die Leute sollen doch bitte sehr Rad fahren.

Was sie der ohnehin schon kleinen Öffentlichkeit verschwiegen: Kein einziges Auto fuhr durch den Augarten. Einzig die Gäste des Café Restaurant Augarten parkten vor dem Lokal auf dem dafür vorgesehenen Parkplatz, der zwar im Augarten liegt, aber durch eine wunderbare Barockmauer samt gusseisernem Tor vom Rest des Augartens getrennt ist.

Um zu diesem Parkplatz zu gelangen, fuhren die Gäste geschätzte 100 Meter auf einer zweispurigen Straße (die beiderseitig von Geh- und Radwegen gesäumt ist) vom Haupteingang zum Parkplatz. Das taten sie, weil auf der Oberen Augartenstraße Parken nicht möglich ist. Einmal pro Tag fuhren Lieferwagen zum Hintereingang des Lokals, um Lebensmittel abzuliefern. Was sollen sie sonst machen? Naturalien für ein Restaurant mit dem Fahrrad vorbeibringen? Wahrscheinlich. Geht aber nicht.

Außer den Lokalgästen benutzten Eltern den Parkplatz, um ihre Kinder zum Kindergarten hinter dem Lokal zu bringen bzw. abzuholen. Es parkten also einmal morgens und einmal nachmittags ein paar Familienautos auf einem Parkplatz, brachten/holten Kinder, und fuhren dann wieder ihres Weges. Mit dem Fahrrad geht das auch nicht, wie jeder bestätigen wird, der schon einmal versucht hat, zwei Kleinkinder bei Regen und Schnee drei Kilometer per Fahrrad zu transportieren. (Zur Erklärung: Wer gerade gehen gelernt hat, kann selten Rad fahren.)

Das brachte die „Autos raus aus dem Park"-Fraktion aber so sehr auf die Palme, dass sie in Ignoranz jeglicher Realität es tatsächlich schaffte, einen Schranken vor dem Haupteingang installieren zu lassen. So weit, so absurd.

Jetzt argumentierte das Lokal aber: „Hey, wir haben das Lokal gepachtet und den Parkplatz dazu. Da kommt man aber nur hin, wenn man die Straße dorthin nutzt, die ihr gerade abgesperrt habt."

Ok, das ist jetzt aber blöd. Sagen wir: Wer im Lokal konsumiert, bekommt ein Ticket, mit dem er den Schranken öffnen kann, um vom Parkplatz wieder auf die Straße zu kommen. (Ohne dieses Ticket hat man 20 Minuten Zeit hinauszufahren – wenn man das nicht schafft, steht man vor einem verschlossenen Schranken.)

Man hatte es also in einem kombinierten Kraftakt aus „Fahrrad fahren, aber sofort!" und „wer Auto fährt, frisst kleine Kinder" geschafft, Familien vom Parkplatz zu vertreiben, während das teilweise doch recht gehobene Publikum des Café Restaurant Augarten weiterhin seine Nobelkarossen parken durfte (wofür das Café Restaurant rein gar nichts kann – die sind super nett).

Das hat dann dazu geführt, dass jetzt noch mehr Autos auf dem Parkplatz stehen als je zuvor. Weil warum: Es hat sich schnell herumgesprochen, dass eine Melange (für die man ja das Ticket bekommt) billiger ist als Parkscheine für den ganzen Tag. Und das nutzen Menschen, die in der Gegend arbeiten.

Eltern, die ihre Kinder in den Kindergarten bringen, haben überraschenderweise nicht ihre Kinder zur Adoption freigegeben, sondern fahren jetzt mit Karacho zu und vom Parkplatz, weil es eben nicht so leicht ist, zwei bis drei Kinder auszuladen, durch den Park zu treiben, in ihre jeweiligen Kindergartengruppen zu bringen, aus- und anzuziehen, zu verabschieden … ohne 20 Minuten zu überschreiten.

Resümee:

Die „Autos raus aus dem Augarten"-Aktivisten haben mit ihrem Ansinnen, Autos aus dem Augarten zu vertreiben, die gar nicht da waren, Folgendes erreicht:

Es parken mehr Autos als je zuvor, weil eine Melange nicht nur besser schmeckt, sondern günstiger ist als Parkgebühren für einen Arbeitstag.

Eltern, die bisher zweimal am Tag im Schritttempo zum Parkplatz gerollt sind, um ihre Brut abzuliefern, gasen jetzt voll an, um nicht völlig chancenlos vor einem versperrten Schranken zu stehen.

Die Firma, die Schranken aufstellt und wartet, freut sich sehr.

An all das muss ich manchmal denken, wenn ich an meinem Kaffee im wunderbaren Café Restaurant Augarten nuckle, mir vom Kellner ein Ausfahrtsticket schnorre und dabei sehr grinse. Wien ist schon recht lustig.

PS: Radfahren ist im Augarten laut Parkordnung verboten. Ich tue es aber trotzdem. Ich Schlingel.

AUTOAGRESSION

MAZDA RAINER

„Was machen S'? Radio und Schreiben? Aha … a linker Gutmensch also."
Der Verkaufsleiter beim Autosalon auf der Wienzeile verfügt über ausgezeichnete Menschenkenntnis und kann darum gar nicht anders, als sich selber sehr zu mögen. Zu Recht: Er ist nicht nur fesch und verfügt über einen subtilen Humor, sondern ist auch mindestens einer der 500 bestgekleideten (er würde vermutlich „bestgekleidetsten" sagen) Verkaufsmitarbeiter im Umkreis von locker 20 Metern. Damit auch für ihn selbst kein Zweifel daran entstehen kann, was für ein klasser Kerl er ist, trägt er Hemd mit Monogramm. So kann er jederzeit erahnen, was die Anfangsbuchstaben vom Namen des lässigsten Menschen von überhaupt sind.
„Okay, der Wagen ist doppelt so alt wie das gleiche Modell von der Konkurrenz, kostet bei Ihnen aber um ein Drittel mehr", versuche ich meine Begeisterung in sachliche Bahnen zu leiten.
„Der da hat Familie und Kinder. Wollen S', dass er arbeitslos wird?", argumentiert der Supertyp, während er einen Mitarbeiter osteuropäischer Provenienz am Sakkoärmel herbeizieht.
Stimmt, das will ich nicht. Das in Frage kommende Auto will ich aber auch nicht. Ich will eigentlich gar keines, aber

ich muss. Meine Kleinkinder weigern sich, selbst eines zu kaufen oder zu Fuß übers Wochenende von Wien nach Oberösterreich zu gehen. Was mache ich also hier? Familienzuwachs hatte sich angekündigt und ich brauche schnell und unkompliziert ein größeres Auto. Und nein, das hat mir keinen Spaß gemacht.

Durch eine Verkettung von Zufällen hatte ich mein altes Auto hier mal zum Service gebracht. Weil ich ein Gewohnheitstier bin, habe ich das dann die nächsten Jahre immer wieder gemacht und mir danach jedes Mal geschworen, nie wieder herzukommen.

Die Erklärung, warum meinesgleichen hier bestenfalls ignoriert wird, hat der Herr eingangs vermutlich ganz gut auf den Punkt gebracht („linker Gutmensch, also"). Bis dahin hatte ich immer gedacht, es liege daran, dass ich kein Hut tragender Taxifahrer Mitte 50 bin. Die trifft man nämlich oft und in großer Anzahl, sie dürften sich hier auch wohlfühlen und werden in der Unternehmenskultur wahrscheinlich als Zielgruppe Nummer eins geführt.

Dass ich nicht nur keine Ahnung von Autos habe, sie mich zudem aber auch so was von gar nicht interessieren, sollte ich vielleicht nicht so offen vor mir hertragen. Ich war der Meinung, dass das egal sei, solange ich Kunde bin und bezahle. Denkste.

„Sie haben an Termin um 13 Uhr gehabt? Sengan S' eh, dass grad vü los ist, oder?", reagiert der Mechaniker sehr grantig auf meine Frage, ob es Absicht ist, dass ich seit einer halben Stunde völlig unbeachtet in der Werkstatt stehe.

„Und warum habe ich mir dann einen Termin ausgemacht,

wenn Sie eh alle anderen vorher drannehmen?", traue ich mich frech nachzufragen.

„Wäu ma da net wissen ham kennan, dass so vü los ist. Seng-an S' eh."

„Ah so."

Als moderner Betrieb verschickt man SMS an die Kunden, um sie davon in Kenntnis zu setzen, dass ihr Auto abholbereit ist und was zu bezahlen sein wird. Fünf Jahre lang – jeweils im Frühjahr und im Herbst (Reifenwechsel) – habe ich diese SMS bekommen und mich zwar gewundert, dass der Betrag deutlich höher war als veranschlagt, ich habe aber immer artig bezahlt. Wie gesagt, ich kenne mich nicht aus mit Autos und es kann ja sein, dass das so gehört und ich es einfach nicht verstehe, weil mir das technische Verständnis dazu fehlt.

Beim letzten Mal war ich dann aber schon verwundert, dass die Kosten für den Winterreifenwechsel um über 150 Prozent über dem veranschlagten Preis liegen. (Unvorhergesehenes kann da schwer passieren. „Oje, Ihr Auto hat ja viel mehr Räder, als wir gedacht haben. Die Schrauben saßen aber so was von fest! Der eine Reifen war schmutzig, den haben wir extern reinigen lassen müssen etc. ...", was weiß ich.) Also habe ich dieses eine Mal bei der Kassa nachgefragt.

„Jessas, da ist uns ein Fehler in der EDV passiert. Verzeihung, ist normal nicht unsere Art."

„Äh ... die letzten neun Male war es auch viel teurer, als ursprünglich ausgemacht. Kann es sein, dass das auch ein EDV-Fehler war? Ich glaube, ich habe schon mehrmals zu viel gezahlt."

„Das kann man jetzt so viel später nimmer nachvollziehen, net bös sein."

Eh … elektronische Daten sind nach spätestens sechs Monaten spurlos verschwunden. Glaube ich voll.

Wie gesagt: Ich bin ein Gewohnheitstier, sehr treu und … faul. Ich habe dann also tatsächlich noch versucht, dort ein Auto zu kaufen. Es ist beim beschriebenen Versuch geblieben. Und ich kann nicht ausschließen, dass ich manchmal ein ordentlicher Volltrottel bin.

(Nachdem ich dann endlich die Werkstatt gewechselt hatte, bekam ich erstmals keine SMS, sondern einen Anruf, warum ich denn plötzlich nicht mehr Kunde sein wolle. Ich sei sehr weit weggezogen, habe ich aus Höflichkeit gelogen. War einfacher.)

AB IN DEN SÜDEN

SHOPPING CITY SÜD

Die SCS ... warum eigentlich? Gibt es nicht schon genügend Elend auf der Welt? Ich mag Shopping Malls gar nicht mal so ungern, vor allem in den USA. Dort gibt es aber so viele Malls, dass sich jede einzelne gehörig anstrengen muss, um nicht unter die Räder der Konkurrenz zu kommen. Also schön hell, gut klimatisiert, übersichtlich, und eine gute Mischung aus Geschäften und Gastronomie. Die SCS hingegen ist österreichweit in jeder Hinsicht einzigartig. Also erst mal: ein Betonmoloch ohne jedes System. Orientierung ist unerwünscht, Tageslicht verboten, die Geschäfte sind wurscht – Hauptsache, es sind viele, und erst die Gastro ... Nein, ich will nicht Gastronomie sagen zu diesen Stätten des Disrespekts gegenüber der menschlichen Verdauung.

Und dann erst die vielen Jugendlichen, deren Leben anscheinend so trostlos sind, dass selbst ein Nachmittag in der SCS als Aufwertung wahrgenommen wird. Wie bitter ... da hängen sie rum in Röhrljeans und Trainingshosen, klackern mit ihren dick lackierten Fingernägeln auf Smartphones herum und träumen vom Leben einer Daniela Katzenberger oder alternativ eines ... ja, eines ... Fußballers wahrscheinlich. Um sie herum sausen dicke Hausfrauen mit Vorräten, als wollten sie sich in einem Bunker verschanzen, Männer, die den Heimwerker in sich entdeckt haben und liebevoll neue Bohrmaschinen und LED-Lichterketten streicheln. Das Ganze verbrämt mit Musik und Ansagen aus siebenhunderttausend verschiedenen Lautsprechern und Reizüberflutung, bestehend aus Leuchtreklamen und Sonderaktionen. Warum treffen sie sich nicht auf einem Kreisverkehr? Vorzugsweise im Verteilerkreis Favoriten? Hat mehr Charme!

Und dann erst der Parkplatz. Dort, wo man hinwill, findet man grundsätzlich keinen Platz. Wenn man dann am anderen Ende seinen Boliden abgestellt hat, verläuft man sich verlässlich beim Versuch, das zu finden, was man eigentlich wollte. Also meistens eh nichts Wichtiges. Blumendünger, Sägeblätter für die Stichsäge oder einen Karabiner für die Hängematte in meinem Fall. Den Blumendünger habe ich nicht gefunden, die Sägeblätter sind mir aus dem Einkaufswagen gerutscht und nie wieder aufgetaucht, nachdem ich sie bezahlt hatte, und der Karabiner war in der falschen Größe. Ich habe dann beim Interspar noch ein paar Gummisaurier für die Kinder gekauft, keuchend neben dem Auto eine Zigarette geraucht und bin mit einem Gesicht nach Hause gefahren, als hätte ich gerade der Schlacht von Solferino beigewohnt. Beim Roten Kreuz bin ich trotzdem nicht.

EINGEBUNKERT

BUNKEREI IM AUGARTEN

Die Bunkerei im Augarten mag ich. Einerseits mag ich Bunker, weil ich schon als Kind in einem gespielt habe (siehe „Der Wiener takes it all"), außerdem mag ich den Augarten im Allgemeinen und das Sitzen im Gastgarten im Besonderen. Es ist eine gelernte Sympathie, weil von Natur aus bin ich kein großer Freund von hippen 3-Gang-Fahrradfahrern mit Hang zu Biogemüse, Viennale-Tasche und iPhone. Aber … ich gebe es bei jeder Gelegenheit zu, ich bin wahrscheinlich selber so ähnlich. Weil aber die Buben in der Nähe in den Kindergarten gehen, ich unweit wohne, und eine Grünfläche eine Grünfläche ist, gehe ich gerne hin.

Zum Thema Bunker: Bei der Bunkerei hängt ein Schild, auf dem darauf hingewiesen wird, dass das Gebäude tatsächlich ein Bombenbunker im Zweiten Weltkrieg war. Höchstwahrscheinlich, weil genau wisse man es nicht. Es gebe aber einen Herren, der angibt, als Kind mit seiner Mutter dort Schutz gesucht zu haben. Wer das ist und wo er wohnt weiß man auch nicht, er sei aber der einzige Zeitzeuge, den man finden habe können. Bei mir im Haus wohnt eine Dame, die auch als Kind im Bunker aka „Bunkerei" war. Besonders gut haben sie bei der Erstellung des Schildertextes also nicht recherchiert. Die Wahrscheinlichkeit, dass ältere Bewohner aus dem Umfeld des Augartens nämlich in einem Bunker im

Augarten waren und nicht im Flakturm Haus des Meeres, ist schon relativ groß. Egal, bin ja kein Historiker.

Schöner Gastgarten mit knirschendem Kiesboden, schöne Menschen mit wichtigen Gesprächsthemen, und schöne Eltern mit konsequent, aber liebevoll erzogenen Kleinkindern („Jonas/Eliah/Hannah, ich weiß, du bist zornig. Aber bitte gib mir die Gabel wieder, mit Gewalt löst man keine Konflikte." Die Gabel wird dann meist energisch knapp am Gesicht des mit der Erziehung betrauten Personals vorbeigeworfen, und das ist ja auch irgendwie lustig, wenn man da zusieht.)

Auf der Website der Bunkerei bezeichnet man sich selbst als „das Szenelokal" – das finde ich zumindest konsequent. Es gibt zwar kaum Dinge, die ich weniger sein möchte als eine „Szene-irgendwas", aber wenn man sich gerne selbst so sieht, dann darf man sich auch als „Szenelokal" bezeichnen. (Jetzt muss ich ein bisschen kudern, weil das ja fast schon schadenfroh ist: Ich selber finde die Bezeichnung „Szenelokal" sagenhaft katastrophal, aber mein gönnerhaftes „wenn es ihnen Freude macht" ist auch irgendwo zwischen präpotent und unsympathisch.) Weiters wird darauf hingewiesen, dass man „bei Schönwetter" gedenkt, ab 12 Uhr mittags geöffnet zu haben. Mit dieser Information fange ich nur selten etwas an. Einerseits ist mir auch im Hochsommer meistens zu kalt, andererseits gilt für mich alles als „Schönwetter", das nicht im direkten Zusammenhang mit Niederschlag steht. Es empfiehlt sich, im Zweifelsfall anzurufen, sonst steht man vor verschlossenen Türen. Kleiner Tipp für die Bunkerei: Schreibt einfach auf die Website, ob ihr offen habt. Tagesak-

tuell! Das ist irgendwie informativer als ein allgemeingülti-
ges „bei Schönwetter". Oder ist das ein schickes Feature von
Szenelokalen, das ich noch nicht geschnallt habe?

Auf der Getränkekarte gibt es alles, was die Herzen guter
Menschen begehren (Chai Latte, Biolimo etc. etc. …), umso
schöner finde ich, dass an der Theke Calippo mit Colage-
schmack verkauft wird. Die Kinder machen natürlich einen
gigantischen Aufstand, wenn sie das sehen und nicht
bekommen, weil es „sooo ungesund" ist. Kinder pfeifen
nämlich auf zuckerfreies Speiseeis aus Bodenhaltung von
glücklichen Italienern. Die wollen Chemie in kreischenden
Farben und abartigen Geschmäckern. Und so sitzen die
Mütter in ihren Röcken, die sie über der Hose tragen, saugen
verzagt an ihrer Hollerlimonade und leiden sichtlich, wenn
der Nachwuchs am Cola-Eis schleckt. Auch das beobachte
ich ausgesprochen gerne und verbuche es als privaten Tri-
umph der Schadenfreude.

NIETZANGE ZUM RITTERRÜSTUNG BAUEN

BAUHAUS 1200

Unlängst im Baumarkt:
„Guten Tag, ich suche eine Nietzange."
„Gerne, welche Größe brauchen S' denn?"
„Puh, weiß ich nicht. Zum Ritterrüstungbasteln halt."
„Zum … wie bitte?"
„Ritterrüstung basteln."
„Sie.wollen.eine.Ritterrüstung … basteln?"
„Ja, was empfehlen Sie da? Blindnieten oder Ösen?"
„Da muss ich einen Kollegen fragen."
Der Verkäufer blickt suchend umher, entdeckt irgendwann den Abteilungsleiter, der einem Pensionistenpaar gerade die Vorzüge eines Lötkolbens erläutert.
„Mit welcher Nietzange würdest du eine Ritterrüstung bauen?"
„… und wann S' es net verwenden, können S' es auf dem Ständer ablegen, damit S' nix verbrennen … BITTE?"
„Der Herr möchte eine Ritterrüstung basteln. Und jetzt müsst ma wissen, welche Nieten da am besten sind."
Nicht dass ich an dieser Stelle fachkundige Zwischenfragen erwartet hätte („Kommt drauf an, wollen S' Turniere kämpfen, Burgen belagern, kämpfen Sie zu Pferd, soll sie gegen englische Langbögen schützen etc. …?"), aber die Selbstver-

ständlichkeit, mit der die Beratung weiterging, war beeindruckend.

„Guat, des san scho a paar Millimeter Stahl, des muass gscheit halten. Und rostfrei würd i a empfehlen.“

„Ich will s' eh nicht aus Metall bauen, nur Karton, der wie Metall aussieht. Also so ein silberner halt.“

„Des wird aber net halten. Wann S' da amoi draufhauen, gspians olles. Und vom Regen red i goa net.“

„Is eh nicht für mich. Für meinen 4-jährigen Sohn, zum Verkleiden.“

„Da miassn S' owa aufpassen, wegen der Kanten vom Metall, des muss sche ogschliffen sein, sonst schneidt si da Klane.“

„Nein … ich will s' eh aus Karton machen. Also keine echte Rüstung, soll nur so ausschauen.“

„Da gibt's eh schon so fertige Leiberln, wo des draufgemalt ist. Also: Kettenhemd auf den Ärmeln aufgedruckt, vorne a Drache oder a Löwe. Und a Kapuze hat s' a. Hab ich schon gesehen.“

„Eh, aber ich hab mir gedacht, origineller wär's schon, wenn ich ihm selber was bastel, was niemand anderer hat, und außerdem schaut's cooler aus, wenn s' wie eine echte Rüstung aussieht und nicht wie ein bedrucktes Leiberl.“

„Und warum machen S' des net mit der Heißklebepistole?“

„Dann kann man s' nicht bewegen. Die Scharnier und so, meine ich.“

„Stimmt, da haben S' recht.“

„Helm hab ich schon einen gebaut. Da habe ich das Visier mit zwei so Plastikteilen festgemacht, die bei einem IKEA-Kastl übriggeblieben sind.“

„Na machen S' den Rest halt auch so."

„Ich wollt mich verbessern. Und ich kann ja nicht so viele IKEA-Kastln kaufen, nur damit mir genügend Plastikteile für eine Ritterrüstung überbleiben. Außerdem sind die weiß, und ich hätt sie gerne in Silber."

Er brummt, greift zu einem Regal, reicht mir einen grauen Plastikkoffer.

„Probieren S' es mit der da."

„Die geht für Ritterrüstungen?"

„Miassat passen."

„Danke, Wiederschauen."

Die Zange ist spitze und ich habe testweise von Küchentüchern über Lederreste alles zusammengenietet, was ich daheim gefunden habe. Die Ritterrüstung habe ich aufgeschoben, weil der Bub dann doch lieber Transformer spielen wollte. („Bumblebee", der gelbe – für die, die sich auskennen.)

MODEM TIMES

HOFER

Es war kurz vor dem Sommer. Also dem, was ein Sommer werden hätte sollen. „Urlaub abbauen", hat es geheißen. Wer, wenn nicht ich, wann, wenn nicht jetzt – und schon hatte ich sechs Wochen frei. Ich hatte nämlich beschlossen, in Österreich zu bleiben. Wenn es im August herunterbrennt, muss ich nicht nach Spanien fliegen, um zu überprüfen, ob es dort auch herunterbrennt. Am Badeteich ist es wunderschön, den Kindern ist es egal, ob sie ihr Twinnie in Niederösterreich oder Andalusien lutschen, und billiger ist es auch.

Soweit der Plan. Es wurde der verregnetste Sommer seit der Entdeckung der Meteorologie. Das habe ich geschrieben, damit Sie nicht glauben, nur Sie haben es schwer.

Ich wollte aber auch im Garten nicht die Segnungen des Internets entbehren (also ca. fünfmal am Tag posten, dass ich barfuß auf eine Distel gestiegen bin und aber so was von böse auf das Unkraut bin). Was braucht man da? Unkrautvernichter einerseits, vor allem aber: einen WLAN-Router.

Ha! Also schnell mal gegoogelt und auf meinen Lieblingsdiskonter Hofer gestoßen. Ich weiß, man sollte den lokalen Handel unterstützen, Amazon und wahrscheinlich alle Online-Shops sind böse – ja, das weiß ich wirklich! Aber: Es ist praktisch, günstiger und ich habe weder am Karmelitermarkt noch beim türkischen Greißler, der immer am Sonntag offen hat und deswegen mein Schatzi ist, WLAN-Router gefunden. Egal, das Ding ist drei Tage später in der Post, ich war sehr mit mir selbst zufrieden und blickte stolz in den Spiegel: „Clemens: Problem erkannt, Problem gelöst. Du bist schon lässig."

Die Anleitung zum WLAN-Router war rudimentär, das stört mich normalerweise nicht, weil ich technisch durchaus Talent vorzuweisen habe. Hänge ich also das Ding an den Computer, will es einrichten. Irgendetwas funktioniert nicht. Nochmal probiert, funktioniert nicht.

Nochmal probiert, funktioniert nicht.

Nochmal probiert, funktioniert nicht.

Nochmal probiert, funktioniert nicht.

Ich könnte das noch ein paarmal copy-pasten, werde das aber nicht tun. Irgendwann habe ich mich der ultimativen Demütigung unterworfen und den Support angerufen. Das macht man als Mann, der sich für technisch begabt hält, nicht gerne. Das ist so, wie wenn man eine alte Frau bittet, sie möge einem über die Straße helfen. Und wenn sie schon dabei ist, vielleicht noch mit dem Einparken helfen.

Außerdem bin ich der Meinung, dass technische Geräte vom Diskonter deppensicher sein müssen. Wenn nicht mal ich (und ich bin wirklich technisch hochbegabt, habe ich das schon erwähnt?) damit zu Rande komme, wie soll das dann zum Beispiel meine Mutter oder sonst ein Durchschnittskonsument schaffen?

Ich werde mit einer Mitarbeiterin verbunden. Ob ich dies und das kontrolliert habe? Ja, natürlich, bin ja nicht blöd. Ist das Gerät aufgeladen, ist das Passwort korrekt? Hören Sie mal, das sind Anfängerfragen. Ich hingegen kann Netzwerke einrichten, Festplatten formatieren und habe eine Bohrmaschine. Selfman also. Ich solle das und das überprüfen. Habe ich schon. Hoppala, habe ich nicht. Danke für den Hinweis – ah, jetzt geht es. Danke und auf Wiederhören.

Grummelnd sitze ich vor dem Computer und muss mir mein persönliches Versagen eingestehen. Ich schalte den Router aus, gehe eine rauchen und schalte ihn wieder ein. Einfach so, zu Testzwecken. Das Zeug geht wieder nicht.

Anruf, zu vier verschiedenen Mitarbeitern verbunden, es geht nicht. Doch! Jetzt geht es wieder. Danke und auf Wiederhören.

So habe ich dann in Summe einen ganzen Freitag verbracht. Weil natürlich hat das Klump mir jedes Mal den Dienst verweigert, wenn ich es abgeschaltet habe.

Mittlerweile kenne ich alle Supportmitarbeiter beim Vornamen, ich bin inoffizieller Mitarbeiter, weil auch ich etwas zur Produktentwicklung beitrage und wichtige Informationen liefere („Was, die Anleitung ist nur auf Englisch und nur für Windows? Das wussten wir ja gar nicht." „Gerne.")

Irgendwann rufen sie mich zurück, ich bin ja schon ein Freund. „Ich habe gesehen, dass Sie im 2. Bezirk wohnen, dann könnten Sie ja persönlich vorbeikommen." Woher die wissen, wo ich wohne, weiß ich bis heute nicht. Das Internet ist böse und ich bin ein gläserner Mensch, sehr zerbrechlich. Ich packe Router, Laptop in den Rucksack und marschiere los. Sintflutartige Regengüsse. Ich bin patschnass, mir ist kalt, aber ich will Internet im Garten. Ich komme zur Zentrale, werde einem deutschen Technikmitarbeiter vorgestellt.

Sehr nett. Auf dem Schreibtischhintergrund seines Laptops ist ein Mazda MX5, so einen habe ich auch einmal gehabt. Cooles Auto, sehr sympathisch. Nach zehn Minuten meint er: „Seltsam, das geht ja wirklich nicht." Nona, ich verbringe aus Spaß den ganzen Tag am Telefon und bitte um Hilfe. Natürlich geht es nicht. Lösung: Auf der Website des Anbieters ist ein Fehler, den wir gemeinsam an Ort und Stelle beheben (die Passworteinstellungen werden für Apple User nicht gespeichert, darum sind sie nach dem Aus- und wieder Einschalten des Routers nicht mehr vorhanden, darum kann das Gerät gar nicht funktionieren).

So, und jetzt habe ich eine Frage: Bin ich wirklich der erste Mensch in Österreich, der einen Apple mit einem WLAN-Router von Hofer verwenden will, weil er zwischen Schnittlauchbeet und Distelrasen im Internet surfen will? Hmm, wahrscheinlich schon.

Wenn Sie Ähnliches vorhaben und es keine technischen Probleme mehr gibt, verdanken Sie das mir. Wollte ich nur mal gesagt haben.

AM ENDE FÄNGT DER FISCH ZU STINKEN AN

PRO FISHING VÖSENDORF

Ich gehe gerne angeln. Das ist soweit nichts Besonderes – nein, ich habe sogar vernommen, dass ich damit im Trend liege. Ich liege sogar doppelt im Trend, weil ich selten etwas fange. Also das Beste aus beiden Welten: Natur und Jagderlebnis – ohne Schaden an der Kreatur.

Ich spreche aber recht ungern. Wahrscheinlich verbreite ich mich deshalb auf Facebook und Twitter, da muss ich nicht mit unmittelbaren Antworten rechnen und kann mir in Ruhe überlegen, ob und was ich loswerden muss, ohne für einen Vollidioten gehalten zu werden (was im echten Leben schon mal der Fall sein kann).

Die Ablehnung direkten menschlichen Kontakts führt also dazu, dass ich recht gerne im Internet einkaufe. Da blamiert man sich nicht, wenn man keine Ahnung von der Materie hat. Jetzt passiert es aber ab und an, dass ich nicht drei Tage warten kann, bis der Briefträger so wichtige Dinge wie Angelblei, Gummifische oder stinkende Köder ins Postkasterl legt, und dann muss ich in höchsteigener Personalie im Angelshop vorstellig werden. Das ist hart, sehr hart. Ich spreche nicht nur ausgeprägtes Gymnasiasten-Wienerisch, ich kann auch weder in Selbstbewusstsein noch in Erfahrung mit dem Verkaufspersonal des Petri-Tempels mithalten.

Da entspinnen sich Dialoge, die ich nur mit der nötigen Distanz schön finden kann:

„Grüß Gott, ich brauche eine Klemmzange und Klemmhülsen zum Stahlvorfachmontieren."

„Und des soi funktionieren?"

„Äh … ja, glaube schon."

„Wann des aufgeht, ärgern S' Ihna a Wochen und drei Tag."

„Ich hab's mir im Internet angeschaut, ich glaub ich weiß schon, wie das geht."

„I kaunn's, aber i waass a, wie's geht."

„Hmm, ich glaub, ich auch."

„Haum S' es scho amoi g'mocht?"

„Nein, aber ich möchte es einmal ausprobieren."

„Tarad i net."

Zum jetzigen Zeitpunkt hat mich der Verkäufer derart verunsichert, dass ich weinend davonlaufen und behaupten möchte, ich hätte mich im Geschäft geirrt und dass ich eigentlich zum Billa gewollt hätte, weil ich zwei Liter Milch und ein Joghurt wollte. Damit kenne ich mich aus und ich habe sowohl mit Milch als auch mit Joghurt praktische Erfahrungen.

„Gut, dann nehme ich bitte vormontierte Stahlvorfächer. Das mit dem Selberbauen ist wirklich zu unsicher."

„Najo, kummt drauf an. Wann ma's kann, net. Ich mach meine imma söwa, owa i kaun's."

„Ich nicht. Und dann brauche ich noch Dropshot Shads und zwei 80er-Bleie."

„WOS? Mit 80er-Blei woin S' Dropshotten?"

„Nein, die brauche ich für Karpfen auf Grund."

„Denk i ma, wäu des geht nie."

„Ich weiß, drum will ich es eh nicht machen."

„Owa Sie haum g'sogt: Dropshot und 80er-Blei."

„Nein, ich habe gesagt: Dropshot Shads und 80er-Blei. Aber nicht, dass ich sie gemeinsam benutzen möchte."

„Des geht nie. Da haum S' ka G'füh, des is zu schwer."

„Ja, denke ich mir."

„Fia Dropshot brauchen S' zehn, 15 Gramm." *(Er reicht mir eine entsprechende Packung.)*

„D…danke. Die habe ich eigentlich schon und brauche keine mehr."

„Wos jetzt …?"

„Danke."

„Und … was ham S' g'sagt? Dropshotvorfächer?" *(Reicht mir die Ware.)*

„Danke."

(Ich resigniere. Ich hab noch nichts von dem, was ich wollte, aber rund 20 Euro ausgegeben.)

„Mit wos fia an Stecken gengan S' da?"

(Er möchte wissen, welche Rute ich zu benutzen gedenke.)

„Ich hab so eine Allround, ca. 2,10 Meter."

„Da brauchen S' a viel sensiblere, sonst merken S' nix vom Biss."

Etc. etc. … Nach zehn Minuten stehe ich an der Kassa und bezahle eine Rute samt Rolle im dreistelligen Bereich, habe diverse Angel-Accessoires – aber nicht das, was ich eigentlich kaufen wollte. Es ist einfach so demütigend, mit jemandem zu diskutieren, der sich augenscheinlich besser auskennt.

DAMALS WAR DIE WELT
NOCH IN ORDNUNG!

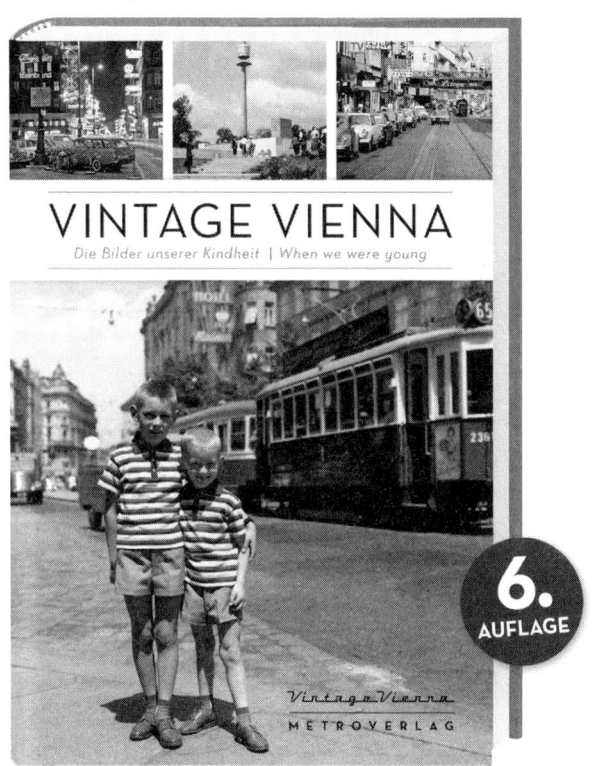

MIT FREUNDLICHER UNTERSTÜTZUNG:

Kulturabteilung der Stadt Wien,
MA7 – Literatur